W0178562

Edward de Bono

Die 4 richtigen und die 5 falschen Denkmethoden

Aus dem Englischen
von Margaret Carroux

WILHELM HEYNE VERLAG
MÜNCHEN

HEYNE SACHBUCH
Nr. 19/168

Titel der englischen Originalausgabe
PRACTICAL THINKING.
FOUR WAYS TO BE RIGHT AND FIVE WAYS TO BE WRONG
Erschienen bei Jonathan Cape Ltd., London

INHALT

EINFÜHRUNG

Wie kommt es, daß bei einem Streit immer beide Seiten recht haben? Wie kommt es, daß niemand absichtlich einen Fehler macht, daß Fehler aber doch immerzu gemacht werden?

Gewöhnliches Denken ist das, was die Zeit ausfüllt, wenn Sie weder schlafen noch tot sind. Ebenso, wie Sie auf den Motor Ihres Wagens nur achten, wenn er nicht stetig läuft, werden Sie sich des gewöhnlichen Denkens nur bewußt, wenn es nicht reibungslos vonstatten geht. Gewöhnliches Denken ist bei allem beteiligt: bei Familienzwistigkeiten; wenn Sie Mayonnaise machen; bei der Urlaubsplanung; bei der Frage: ›Wohin mit dem Hund?‹, wenn man übers Wochenende verreisen will; wenn man sich eine Ausrede ausdenkt, warum man zu spät zur Arbeit gekommen ist; wenn man sich eine Methode überlegt, wie man seine Arbeit bequem schaffen kann; wie man seine Kinder erzieht; wie man eine Weinflasche aufmacht, wenn man den Korkenzieher verlegt hat; wie man bei einer politischen Diskussion seinen Mann steht; und wenn man versucht, die Welt nach Möglichkeit zu verbessern.

Es gibt kein Gesetz, das vorschreibt, man müsse selbst denken oder sich eine eigene Meinung bilden. In wichtigen Fragen ist es gewöhnlich einfacher, die Ansichten anderer Leute fix und fertig zu übernehmen. Das erspart einem die Mühe, selbst zu denken – obwohl man es bei belangloseren Dingen immer noch tun muß. Oft bleibt einem keine andere Wahl, als die Ansichten anderer Leute zu übernehmen, weil es so schwierig sein mag, sich die Dinge selbst zu überlegen. Die Erziehung gewährt leider wenig Hilfe bei dieser Sache. Wahrscheinlich können Sie sich an Dinge erinnern, die Ihnen in der Schule in den Erdkundestunden beigebracht wurden (Täler, Flußdeltas, reisanbauende Länder usw.) oder im Geschichtsunterricht (Daten von Schlachten, Namen von Königen usw.). Aber können Sie sich an das erinnern, was Ihnen über das Denken beigebracht wurde? Oder ist Denken etwas, das man sowieso kann – wie Gehen oder Atmen?

In Wirklichkeit ist Denken eine zu wichtige Angelegenheit, um überhaupt etwas dafür zu tun. Deshalb haben wir es den Philosophen überlassen, die sich jahrhundertelang die Zeit mit den kniffligsten Analysen vertrieben haben, die für das alltägliche Leben kaum von Belang sind. Vor einiger Zeit starb ein Mann, der als einer der einflußreichsten Philosophen des Jahrhunderts galt. Von großem Einfluß auf seine philosophischen Kollegen, aber sonst auf fast niemanden. Wieviel Einfluß übt logischer Positivismus wohl auf das gewöhnliche Denken aus?

Beim gewöhnlichen Denken haben in einer Auseinandersetzung immer beide Seiten recht. Das liegt daran, daß recht zu haben das *Gefühl* ist, recht zu haben. Das ist es, was Ihr Handeln leitet, nicht die abstrakte philosophische Richtigkeit Ihrer Vorstellungen. In diesem Buch werden die vier praktischen Möglichkeiten, recht zu haben, erforscht: Rosinenkuchen (emotionale Richtigkeit), Puzzle (logische Richtigkeit), Dorfschönheit (Richtigkeit wegen Einzigartigkeit) und Masern (Richtigkeit des Erkennens). In diesem Buch werden außer den vier richtigen Denkmethoden auch die fünf »Bundesstraßen« zum Verstehen sowie die fünf falschen Denkmethoden herausgestellt und benannt.

Das Unterscheiden und Benennen dieser Denkmuster hat den Zweck, sie erkennbar zu machen. Dann wird es möglich, daß Sie sie in Ihrem Denken und im Denken anderer erkennen. Sie können auch auf so präzise Weise über sie reden, wie Sie über ein Auto oder ein Spiegelei reden würden. Ohne derartige benannte Muster ist das

Denken verschwommen und unklar, und dann läßt sich sehr schwer darüber reden.

Sobald man über das Denken reden kann, ist man auf dem besten Wege, es als eine Fertigkeit wie Tennisspielen oder Kochen anzusehen. Fast alle Menschen halten leider das Denken für eine Frage der angeborenen Intelligenz – und das ist es nicht! Bei meinen Forschungen und Experimenten bin ich immer wieder auf höchst intelligente Leute gestoßen, die sich als sehr ungünstige Denker erwiesen. Ich habe auch festgestellt, daß die Denkfähigkeit nicht viel mit Bildung zu tun haben kann, denn einige der gebildetsten Menschen (Doktoren der Philosophie, Universitätsdozenten und -professoren, Führungskräfte der Wirtschaft usw.) haben sich auch als dürftige Denker herausgestellt. Denken als eine Fertigkeit anzusehen und nicht so sehr als eine Begabung ist der erste Schritt, um etwas für die Weiterentwicklung dieser Fertigkeit zu tun.

Das Buch befaßt sich mit dem gewöhnlichen praktischen Denken, das uns erlaubt, etwas nutzbringend anzuwenden, ohne alle Einzelheiten zu verstehen – zum Beispiel ein Fernsehgerät. Zu den weiterhin untersuchten Aspekten des Denkens gehören Phantasie, Kreativität, das JA/NEIN-System, die tödliche Gefahr der Arroganz und die ungeheure Bedeutung des Humors für das Denken.

Es mag den Anschein haben, als sei Denken ein zu komplizierter Prozeß, um ihn zu verstehen, aber die beiden grundlegenden Schritte sind ganz einfach. In dem Buch wird auch das merkwürdige Paradox aufgeklärt, daß der Mensch nur darum so viel besser zu denken vermag als Tiere, weil er *dümmer* ist.

Wenn man über das Denken schreibt, geschieht es leicht, daß man sich in verbalen Schleiertänzen ergeht, bei denen ein wahres Gewitter von Geistesblitzen niedergeht. Um diesen Wirrwarr zu vermeiden, liegt diesem Buch ein konkretes Denkexperiment zugrunde, keine ausgeklügelte Spekulation. Dieses einfache Experiment ist der rote Faden, der sich durch das Buch zieht und verhindert, daß es sich in metaphysische Dunstschwaden auflöst.

Ich glaube tatsächlich, die hoffnungsvollste Eigenschaft des Menschen ist seine relative Dummheit. Es bestünde wenig Anlaß zu Optimismus, wenn die Menschen wirklich so gescheit wären, wie sie zu sein glauben, und trotzdem immer so in Schwierigkeiten geraten. Wenn wir damit anfingen, dem gewöhnlichen Denken unmittelbar Aufmerksamkeit zu schenken, dann wäre das, glaube ich, nützlicher als zum Mond zu fliegen. Zur Zeit befassen sich übrigens mehr Professoren mit Sanskrit als mit dem Denken als einer Fertigkeit.

1. WISSEN, WAS MAN TUN MUSS

Instinkt – Lernen – Verstehen

Denken ist jenes Intervall zwischen dem Moment, in dem wir etwas wahrgenommen haben, und dem Moment, in dem wir wissen, was wir nun damit anfangen sollen. In diesem Intervall kommen uns Gedanken, die vom einen zum anderen führen, während wir versuchen, die unvertraute Situation zu klassifizieren und in eine vertraute zu verwandeln, von der wir wissen, wie man mit ihr fertig wird. Später lernt der Mensch dann, sich die Zeit damit zu vertreiben, daß er an Gedanken um ihrer selbst willen herumtüftelt. Aber der biologische Zweck des Denkens ist, einem Lebewesen dadurch das Überleben zu ermöglichen, daß es die Dinge bekommt, die es braucht, und sich von den Dingen fernhält, die gefährlich sind. Es muß wissen, was es in einer bestimmten Situation tun soll: sich voll Gier darauf stürzen oder voll Angst wegrennen?

Drei grundlegende Prozesse, Wissen zu erlangen

Es gibt drei grundlegende Prozesse, durch die Lebewesen genug über die Dinge erfahren, um richtig auf sie zu reagieren.

I. Instinkt

Im Organismus ist eine fixierte Reaktion angelegt, so daß er automatisch auf eine bestimmte Situation in einer bestimmten Weise reagiert. Die Reaktion ist vor-installiert. Sie ist ebenso unmittelbar, automatisch und unverständlich wie die Beleuchtung eines Raums, wenn Sie die Lampe anknipsen. Die Reaktion ist im Lebewesen so eingebaut, wie elektrische Leitungen in einem Haus eingebaut sind. Sie braucht nicht erlernt zu werden. Tiere reagieren instinktiv auf Situationen, die sie unmöglich schon früher erlebt haben können. Eine bestimmte schwarze Silhouette, die über noch gänzlich unerfahrenen Jungvögeln bewegt wird, läßt sie sich angstvoll ducken, denn sie täuscht das Flugbild eines Falken vor, der am Himmel kreist. Wird genau derselbe Umriß rückwärts bewegt, so bleibt er wirkungslos, denn er sieht wie ein harmloser Schwan aus. Instinkte sind eindeutige Reaktionen, die durch eindeutige Situationen ausgelöst werden. Junge Möwen sperren den Schnabel nach Futter auf, wenn über ihnen ein schnabelförmiger Gegenstand mit einem roten Fleck darauf auftaucht, denn so sieht die Möwenmutter aus. Ein Stück Holz mit einem roten Fleck ruft die gleiche Reaktion hervor.

Die unmittelbare Reaktion dieser Art hat der Oxforder Verhaltensforscher Prof. N. Tinbergen in klassischer Klarheit beschrieben.

Vorteile
1. Eine instinktive Reaktion ist unmittelbar und vollständig; sie wird nicht erlernt.
2. Eine instinktive Reaktion ist voraussagbar, und ihre Bedeutung ändert sich nicht. Das macht sie für die Kommunikation mit anderen Tieren nützlich.

Nachteile
1. Die instinktive Reaktion ist fixiert und kann der Situation nicht angepaßt werden. Auch kann man sie nicht abstellen, wenn sie unangebracht ist.
2. Die Zahl der fixierten, angeborenen Reaktionen ist begrenzt, so daß keine Möglichkeit besteht, mit neuen Situationen fertig zu werden, für die es keine ausgebildete Reaktion gibt.

II. Lernen

<u>Lernen aus erster Hand</u>

Das ist ein langsamer Prozeß, bei dem ein Lebewesen durch Erfahrung aus Fehlern und Erfolgen herausfindet, wie es auf eine Situation angemessen reagieren soll. Eine Sekretärin findet heraus, wie ihr Chef seine Briefe getippt haben möchte. Ein Zirkuspferd lernt, auf den Hinterbeinen zu stehen. Eine Katze lernt, den Weg nach Hause zu finden. Ein Tennisspieler lernt, wie man den Ball aufschlägt. Zum Lernen gehört, in bezug auf eine Situation etwas zu tun und dann zu sehen, was geschieht. Das Ergebnis mag gut, schlecht oder leidlich sein. Wenn Sie rote Beeren essen, schmecken sie vielleicht scheußlich. Wenn das Zirkuspferd auf seinen Hinterbeinen steht, wird es mit einem Apfel belohnt. Allmählich lernt man, die Reaktion so zu steuern, daß sie nur Freude und keinen Schmerz mit sich bringt. Sobald sie einmal so geformt worden ist, wird sie genau wie eine instinktive Reaktion von bestimmten Situationen ausgelöst.

Vorteile
1. Der Vorteil des Lernens gegenüber dem Instinkt ist, daß man Reaktionen auf *neue* Situationen entwickeln kann.
2. Reaktionen können einer Situation genau angepaßt werden. Schlechte Reaktionen können verbessert oder abgestellt werden.

Nachteile
1. Das Lernen geht sehr langsam vonstatten, denn man muß immer wieder herumprobieren. Das gilt insbesondere für das auf Dauer angelegte Lernen, bei dem sich der Erfolg nicht sofort einstellt, sondern erst nach einer langen Folge von Reaktionen (so daß man nicht gleich weiß, ob man auf dem richtigen Weg ist oder nicht).

2. Direktes Lernen kann gefährlich sein. Es wäre sehr gefährlich, wenn jeder selbst mit dem Finger herausfinden müßte, was es mit einer Steckdose auf sich hat.

Lernen aus zweiter Hand

Das ist eine Art künstlicher Instinkt. Es bedeutet, daß man auf Situationen unmittelbar zu reagieren lernt, ohne den langwierigen Prozeß des Herumprobierens selbst durchmachen zu müssen. Das Lernen aus zweiter Hand ist eine Weitergabe von Wissen. Dieses wird vermittelt durch Bücher, Fernsehen, Schule, Eltern, andere Menschen usw. Ein Kind lernt, daß ein Auto gefährlich ist, ohne es am eigenen Leibe erfahren zu müssen. Ein Student lernt, daß Vitamin B12 eine bestimmte Form der Anämie heilen kann, weil dies in seinem Lehrbuch steht. Ein Mann lernt, daß eine gewisse Investition riskant ist, weil sein Börsenmakler es ihm sagt.

Vorteile

1. Lernen aus zweiter Hand geht viel schneller und ist gefahrloser als Lernen aus erster Hand.
2. Wissen aus zweiter Hand läßt sich schon im voraus auf Situationen anwenden, die man noch nicht erlebt hat.
3. Wissen aus zweiter Hand läßt sich auf Situationen anwenden, in die man vielleicht niemals gerät (Beispiel: Erdkundeunterricht über ferne Länder).
4. Wissen aus zweiter Hand kann aufgespeichert und weitergegeben werden (Bücher usw.), so daß der gesamte Wissensschatz immer mehr anwächst.
5. Eine große Zahl von Menschen (von denen manche klügere Köpfe haben als man selbst) kann sich mit einer Situation befassen und eine bessere Reaktion erarbeiten, als ein einzelner durch direktes Lernen aus erster Hand herausfinden könnte.

Nachteile

1. Man ist ganz und gar angewiesen auf die Vertrauenswürdigkeit der Quelle, die das Wissen weitergibt. Da man die Situation nicht selbst erlebt, lernt man sie nur durch die möglicherweise getrübte Brille desjenigen sehen, der das Wissen vermittelt.

2. Die Reaktion aus zweiter Hand ist eine Art Durchschnittsreaktion, die für jedermann geeignet und auf individuelle Erfordernisse nicht so fein abgestimmt ist wie eine Reaktion, die aus erster Hand gelernt wurde.

3. Es kann leicht vorkommen, daß einander widersprechende Reaktionen von den verschiedenen Quellen des Wissens aus zweiter Hand (z. B. Eltern, Lehrer, Freunde) übermittelt werden. Das kann verwirrend sein.

4. Da Belohnung und Bestrafung hier nicht so direkt erfolgen wie beim Lernen aus erster Hand, ist die Lernbegierde geringer.

III. Verstehen

Ein Instinkt ist eine für eine bestimmte Situation passende Reaktion. Der Geruch des Mottenweibchens lockt das Mottenmännchen aus großer Entfernung an. Auch beim Lernen aus erster oder zweiter Hand sind die Reaktionen auf bestimmte Situationen zugeschnitten. Diese werden zu »vertrauten« Situationen, da man weiß, wie man sich zu verhalten hat. Aber wie steht es mit neuen Situationen? Wie steht es mit unvertrauten Situationen, für die es keine bereits ausgebildeten Reaktionen gibt? Eine fremde Frau läutet an der Haustür. Sofort versuchen wir, die Situation in eine vertraute Kategorie einzuordnen, bei der wir die Reaktion kennen. Führt die Frau eine Meinungsbefragung durch? Sammelt sie für einen Wohltätigkeitsverein? Hat sie eine Autopanne gehabt? Will sie bloß nach dem Weg fragen? Ist sie eine alte Bekannte, die wir nicht wiedererkennen?

Verstehen ist der Prozeß, durch den ein unvertrauter Vorgang in einen vertrauten verwandelt wird, so daß man weiß, wie man sich verhalten muß. Diese Verwandlung findet im Verstand statt, wenn man von einer Vorstellung zur nächsten übergeht; bis man erkennt, daß die unvertraute Situation vertrauten Situationen ähnelt oder sich von ihnen herleitet. Dieser Übergang von einer Vorstellung zur anderen ist Denken. Verstehen ist Denken.

Wenn man ein weißes Laken in der Nacht flattern sieht, erschrickt man, denn es ist eine unvertraute Situation. Aber sobald man sieht, daß das Laken an einer Wäscheleine hängt, weiß man, was man tun muß – nichts. In einem ausländischen Restaurant versucht man, die fremden Wörter auf der Speisekarte in Verbindung zu bringen mit Wörtern, die man kennt, um zu verstehen, was für Gerichte es gibt. Zu guter Letzt stellt man dann fest, daß einige der exotischen Namen ganz vertraute Gerichte bezeichnen.

Verstehen ist ein entscheidend wichtiger Prozeß, denn es ist das Mittel, durch das der Mensch sein Wissen vermehrt. Er kann nur die Reaktionen auf ein paar bestimmte Situationen lernen, doch durch das Verstehen verwandelt er beliebig viele neue Situationen in bereits vertraute Situationen und weiß daher sofort, wie er sich verhalten soll (ohne durch Lernen aus erster Hand eine Reaktion erst selbst entwickeln oder sie vom Lernen aus zweiter Hand übernehmen zu müssen).

Vorteile
1. Das Verstehen ermöglicht uns, unser Wissen dadurch zu vermehren, daß wir alte Reaktionen auf neue Situationen anwenden.
2. Wenn Sie neue Situationen verstehen, können Sie sie

anderen Leuten erklären, die dann ihre Reaktionen selbst auswählen können, statt blindlings Reaktionen aus zweiter Hand zu übernehmen.

Nachteile
1. Das Verstehen ist begrenzt durch die vorhandenen alten Reaktionen (oder Vorstellungen), mit denen sich die neuen Situationen erklären lassen.
2. Bei dem Versuch, eine neue unvertraute Situation mit Hilfe alter Vorstellungen zu verstehen, kann es sein, daß man eine ganze Menge übersieht oder die vorliegende Situation verzerrt, um sie für die vorhandenen Vorstellungen passend zu machen.
3. Gewöhnlich kann man eine unvertraute Situation auf mehreren Wegen wahlweise angehen, doch ist man geneigt, sich auf den ersten zu konzentrieren und ihn für den einzig gangbaren zu halten.
4. Verschiedene Menschen können dieselbe Situation auf ganz verschiedene Weise verstehen und dementsprechend handeln.

Denken in der Praxis
In der Praxis macht der moderne Mensch vom Instinkt nicht viel Gebrauch.

Auch hat er nicht viel Zeit für das Lernen aus erster Hand. Fast ständig ist er auf übermitteltes Wissen aus zweiter Hand und auf das Verstehen angewiesen. Seine Grundkenntnisse und Vorstellungen entstammen dem Wissen aus zweiter Hand, das ihm mit der Erziehung gezielt übermittelt wird, oder er hat sie sich aus Interesse oder Zufall selbst angeeignet. Dann wendet er sein Verständnis an, um neue unvertraute Situationen in vertraute Bestandteile aufzugliedern, damit er seine Grundkenntnisse anwenden kann.

Wozu die Mühe?

Warum soll man sich mit dem Versuch abmühen, die Dinge zu verstehen?

1. Um richtig zu reagieren: vermeiden, übergehen, ändern, genießen, verwenden, überprüfen usw.
2. Um Wirkungen zu erzielen: Krankheiten heilen, bessere Ernten erzielen, die Armut überwinden, schneller als der Schall fliegen, Verbrechen verhindern, Segelregatten gewinnen usw.
3. Um zu erkennen, was später geschehen wird: mit einem fiebernden Kind; auf dem Aktienmarkt; wie das Wetter wird; mit der Umweltverschmutzung usw.
4. Aus Neugier.

Der grundlegende Denkprozeß

Der Übergang vom Unbekannten zum Bekannten ist Verstehen, und die Art und Weise, wie dieser Übergang zustande kommt, ist Denken. Entweder kann es sich darum handeln zu verstehen, was etwas ist, oder darum, wie irgendeine Wirkung herbeigeführt wird. Verstehen ist: herausfinden, was zu tun ist.

Dieses Herausfinden ist Denken.

Verstehen ist Denken

---

2. DAS EXPERIMENT MIT DEM SCHWARZEN ZYLINDER

Stellen Sie sich einen hohen schwarzen Zylinder vor, der vor Ihnen auf einem weißen Tisch steht. Niemand ist in der Nähe des Tisches, und auf dem Tisch ist nichts als der Zylinder, der dasteht »allein auf weiter Flur«. Ungefähr zwanzig Minuten vergehen. Plötzlich, ohne Warnung, fällt der Zylinder um mit Gepolter. Warum? Niemand ist ihm nahe gekommen. Man sah nicht, daß irgend etwas geschah. Es gab kein Geräusch außer dem Bums, als der Zylinder umfiel. Sie werden aufgefordert, darüber nachzudenken, was geschehen sein könnte, und Ihre Erklärung auf ein Papier zu schreiben. Aber Sie haben nur zehn Minuten Zeit, um sich eine Erklärung zu überlegen – und Sie dürfen den Zylinder in keiner Weise untersuchen.

VERSUCHSPERSONEN

Das Experiment wurde mehrmals durchgeführt. Insgesamt nahmen tausend Personen daran teil. Diese Leute mit einem ganz unterschiedlichen Werdegang gehörten allen möglichen Berufen an oder waren noch in der Ausbildung: Universitätsdozenten, Naturwissenschaftler (aus Universität und Industrie), Ärzte, Führungskräfte der Wirtschaft, Werbefachleute, Werbetexter, Studenten der Ingenieurwissenschaften und der Psychologie, Studenten der Geisteswissenschaften (Universität), Kunststudenten (Kunsthochschulen), Architekturstudenten, Gymnasiallehrer, Volksschullehrer und Lehramtskandidaten.

BEDEUTUNG

Das Experiment mit dem schwarzen Zylinder ist absichtlich einfach gehalten worden, damit die Denkprozesse, die in

Frage kommen, wenn man das Phänomen verstehen will, leicht analysiert werden können.

Inwieweit ist dieses Experiment für das gewöhnliche Denken bedeutungsvoll?

Folgende Punkte gelten für das gewöhnliche Denken und das Zylinderexperiment gleichermaßen:

1. Es sind nicht genug Informationen vorgegeben.
2. Es gibt keine Gelegenheit, sich die Daten zu beschaffen, die man braucht.
3. Experimentieren nach dem Versuch-Irrtum-Prinzip *(trial-and-error principle)* ist nicht möglich.
4. Es läßt sich nicht nachprüfen, ob ein Gedanke richtig oder falsch ist.
5. Es ist keine in sich geschlossene Situation, bei der man erhärten kann, daß man das Richtige getroffen hat.
6. Es kann mehrere verschiedene Erklärungen geben.
7. Man hat mit unklaren Vorstellungen und nicht mit genauen Zahlen zu tun, die in eine mathematische Formel gebracht werden können.
8. Es handelt sich weniger darum, Vorstellungen nachzuprüfen, als vielmehr darum, Vorstellungen zuerst einmal zu erdenken.
9. Trotz der unzulänglichen Angaben muß man zu einer eindeutigen Schlußfolgerung gelangen.
10. Es gibt niemanden, den man fragen könnte.

Von den tausend Personen, die an dem Experiment teilnahmen, schrieben nur drei auf ihren Zettel: »Interessiert mich nicht.« Das ist eine absolut vertretbare Reaktion, denn niemand ist verpflichtet, irgend etwas zu verstehen. Wenn Sie nicht daran interessiert sind, etwas zu verstehen, dann müssen Sie eine Erklärung von jemand anderem übernehmen oder sich ohne sie behelfen.

PROZESS, NICHT INHALT

Wenn man sich auf das Denken besinnt, besteht die Schwierigkeit gewöhnlich darin, den Denkvorgang zu trennen vom Denkinhalt.

Der Atomphysiker mag in Begriffen wie Quarks oder Neutrinos denken. Die Hausfrau denkt vielleicht an den Preis vom Hammelfleisch. Doch der tatsächliche Denkvorgang kann derselbe sein.

Dieser Denkvorgang wird durch das Wesen des Verstandes bestimmt. Es gibt keinen Schalter, der angeknipst wird, wenn man von banalen Dingen zu ernsthafteren übergeht. Es ist dieselbe Denkmaschinerie, die in Gang ist. Das bei dem Zylinderexperiment gezeigte Denkverhalten wird bestimmt von den Eigenschaften desselben Verstandes, der sich mit Dingen befassen muß wie Gesetze, Gefühle und Gemüseputzen.

ROH-DENKEN

Die Versuchspersonen waren in einer ungünstigen Lage, denn sie hatten unzureichende Angaben erhalten, unzureichende Gelegenheit, den Zylinder zu untersuchen, und unzureichend Zeit, um sich eine Erklärung auszudenken. Das beabsichtigte Ergebnis dieser »Manipulation« war Roh-Denken.

Bei genügend Zeit und ausreichenden Informationen wären die Erklärungen viel besser gewesen.

Es hätte dann alles sorgfältig analysiert und nachgeprüft werden können, bis es entweder richtig erschienen oder verworfen worden wäre. An dem fehlerfreien Ergebnis hätte sich nicht mehr erkennen lassen, welcher Prozeß dazu geführt hat. Bei einem eilig errichteten Gebäude sind die Fugen, Risse und Konstruktionsmethoden viel leichter zu erkennen.

ERGEBNISSE

Einige der Lösungen bestätigen, was zu erwarten war. Andere waren ganz unverwartet. Der Hauptnutzen der Lösungen ist, daß sie einen konkreten Rahmen bieten, um die Grundzüge des Denkens zu erkennen: die vier richtigen und die fünf falschen Denkmethoden sowie die fünf »Bundesstraßen« zum Verstehen; ferner solche Dinge wie Humor, Kreativität, Phantasie und Aufmerksamkeit. All das gehört zum gewöhnlichen Denken. Erst wenn man lernen kann, diese Merkmale des Denkens objektiv zu betrachten, kann man etwas mit ihnen anfangen. Das Experiment mit dem schwarzen Zylinder dient als Vergrößerungsglas, mit dem man das Denken betrachten kann.

3. Die fünf »Bundesstrassen« zum Verstehen

Wie erklären Sie einen Vorfall, den Sie nicht verstehen können? Dabei kann es sich um eine Sonnenfinsternis handeln oder um eine merkwürdige Krankheit, bei der jemand plötzlich einen Anfall bekommt und zu Boden stürzt, vielleicht auch um das Mißlingen einer Ernte oder um die Art und Weise, wie junge Leute rauschgiftsüchtig werden; oder es geht darum, wie ein massiver schwarzer Zylinder plötzlich umkippen kann. Beim gewöhnlichen Denken gibt es fünf Etappen des Verstehens, wenn man derlei Dinge sich selbst und anderen erklären will.

B 1   Beschreibung des Wahrgenommenen

»Er fiel um.«
»Der Zylinder kippte plötzlich um.«
»Er änderte plötzlich seine Stellung.«
»Er fiel auf die Seite.«
»Die Röhre fiel um.«
»Wechselte von einer vertikalen in eine horizontale Lage.«

Diese Erklärungen, warum der schwarze Zylinder umfiel, sind schlichte Beschreibungen dessen, was geschah. Eine Beschreibung ist die einfachste Stufe der Erklärung, die möglich ist. Man sagt lediglich, was man gesehen hat. Die einzige Möglichkeit, weniger zu sagen, wäre, gar nichts zu sagen.

Weit über 20 Prozent der Teilnehmer an dem Experiment haben Beschreibungen des Wahrgenommenen abgegeben. Aber besagen diese Beschreibungen des Wahrgenommenen überhaupt etwas? Besagen sie nicht nur: »Der schwarze Zylinder fiel um, weil er umfiel«? Auf den ersten Blick könnte es scheinen, als ob dieser Zirkelschluß nicht mehr sagt, als wenn man gar nichts sagt. Aber bei genauerem Hinsehen erkennt man, daß diese Beschreibung des Wahrgenommenen doch eine ganze Menge aussagt. Sie sind echte Erklärungen, weil sie den Teilnehmer auf einen bestimmten Standpunkt festlegen. Will man sich darüber klarwerden, was diese Beschreibungen besagen, darf man nicht ihren Inhalt berücksichtigen, sondern nur das, *was sie auslassen.*

Hätte ich die Röhre mit Hilfe eines hauchdünnen Nylonfadens umgerissen, der für die meisten Hörer unsichtbar gewesen wäre, dann hätten diejenigen, die den Faden nicht sehen konnten, wie oben geschrieben:

»Die Röhre fiel um.«

Doch diejenigen, die den Faden sehen konnten, hätten geschrieben:

»Die Röhre wurde von dem Redner umgerissen.«

Unmöglich, nichts zu sagen

Es ist unmöglich, gar keine Aussage zu machen, wenn man überhaupt etwas sagt. Dieser wichtige Satz ergibt sich unmittelbar aus dem Sinn der Beschreibung des Wahrgenommenen als einer Art des Verstehens. Die Beschreibungen, die nur feststellen, daß der Zylinder »umfiel«, geben alle zu verstehen, daß das Umfallen mit dem Zylinder selbst zu tun hatte. Das schließt den Gedanken aus, daß der Zylinder »umgeworfen« wurde, wie viele Leute im Laufe des Experiments meinten:

».. . durch Wind umgeweht.«

».. . von einem Helfershelfer im Auditorium angeschossen.«

».. . Tisch wurde angehoben.«

»...am Tisch wurde gewackelt.«

»...Redner ging hin, als keiner hinsah, und hat ihn umgestoßen.«

»...durch einen unsichtbaren Draht umgerissen.«

Derjenige, der die Beschreibung des Wahrgenommenen abgab, hatte vielleicht gar nicht *vorgehabt*, alle diese Möglichkeiten auszuschließen, aber indem er sich auf eine schlichte Beschreibung festlegt, trifft er bereits eine Auswahl aus den Erklärungsmöglichkeiten. Jede Beschreibung, die nicht alle Möglichkeiten einschließt, ist eine Festlegung auf diejenigen, die sie einschließt.

In der Praxis schließen Beschreibungen niemals alle Möglichkeiten ein, denn derjenige, der sie abgibt, beschreibt nicht die *tatsächliche Situation selbst,* sondern die *Art und Weise, wie er sie sieht.*

Weitergabe

Derjenige, der eine Beschreibung des Wahrgenommenen angibt, mag sich seine Entscheidungsfreiheit dadurch bewahren, daß er bereit ist, auf die tatsächliche Situation zurückzukommen und sie auf eine andere Weise zu beschreiben. Doch sobald er seine Beschreibung an einen anderen weitergegeben hat (wie ein Journalist eine Beschreibung weitergeben mag), ist der andere auf diesen Standpunkt festgelegt, da *er* die wirkliche Situation nicht nachprüfen kann.

Ich jedenfalls würde die schlichte Aussage »Er fiel um« als eine gültige Erklärung der ersten Stufe für das, was geschehen ist, akzeptieren.

B 2 Breiwörter

»Zylinder enthielt ›Umwerfvorrichtung‹ mit Zeitschalter.«

»Vorrichtung in Röhre brachte sie aus dem Gleichgewicht.«

»Vorrichtung drinnen ließ sie umfallen.«

»Zeitliche Regelvorrichtung, die das Gleichgewicht verlagert.«

»Kam aus dem Gleichgewicht durch irgendein Uhrwerk, das für diesen Zweck ersonnen war.«

»Der Zylinder hatte einen Mechanismus, der ihn nach einer bestimmten Zeit umfallen ließ.«

»Der Zylinder fiel um durch irgendeinen Mechanismus, der ihn aus dem Gleichgewicht brachte.«

»Der Schalter setzte schließlich etwas innerhalb des Gegenstandes in Gang, das das Gleichgewicht störte, und so fiel er um.«

Breiwörter deuten präzise Gedanken an, aber man merkt, wenn man die Gedanken untersuchen will, daß sie genau wie die Breiwörter keine Form, keine Gestalt haben, und es läßt sich keine präzise Bedeutung erfassen. Dennoch gibt es die Gedanken, und man reagiert auf sie ganz real. Die Franzosen haben es fertiggebracht, die Zahl der Verkehrsunfälle dadurch zu verringern, daß sie an den Straßen Sperrholzfiguren von Polizisten und Polizeiwagen aufstellten. Worauf es ankommt, ist nicht die Leere hinter dem Bild, sondern der oberflächliche Eindruck, auf den der Autofahrer reagiert. Genauso üben Breiwörter, wenn sie auch bedeutungsleer sind, eine reale und nützliche Wirkung aus.

Wenn überhaupt irgend etwas geschieht, können Sie sagen, es sei ein »Mechanismus« da, der bewirkt, daß es geschieht. Wenn man sagt, es gebe einen Mechanismus oder eine »Vorrichtung«, die bewirkt, daß der Zylinder umfällt, dann ist das in Wirklichkeit nichts anderes, als wenn man sagt: »Der Zylinder fiel um.« Die folgende Erklärung ist eigentlich nur eine vollendete Art und Weise, gar nichts zu sagen: »Der schwarze Zylinder hat irgendeinen Mechanismus, der eine bestimmte Zeit braucht, um das Gleichgewicht zu stören, das den Zylinder aufrecht stehen läßt. Der Zylinder fiel um, als das vertikale Gleichgewicht durch den Mechanismus gestört war.«

Wenn man am Flughafen auf sein Flugzeug wartet, hört man oft Ansagen, daß sich bestimmte Maschinen aus »technischen Gründen« verspäten. Da zu technischen Gründen alles gehören kann, von der verschobenen Landung eines Flugzeugs bis zum Bombenalarm, besagt die Ansage in Wirklichkeit nicht mehr, als daß der Abflug später stattfindet, »weil er später stattfindet«. Aber wenn man das ansagen würde, würden die Fluggäste meutern.

Sehr nützliche bedeutungslose Wörter

Eine Erklärung mit Breiwörtern (B 2) ist viel genauer als eine Beschreibung des Wahrgenommenen (B 1). Jetzt wird an Stelle einer bloßen Beschreibung ein bestimmter Grund angegeben. Der Grund wird bezeichnet als:

»Umwerfvorrichtung«
»Vorrichtung«
»Zeitliche Regelvorrichtung«
»Mechanismus«
»etwas«

Statt einfach zu sagen: »Der Zylinder fiel um« verrät die Erklärung, daß der Zylinder infolge von »etwas« umfiel. Dieses Etwas kann »etwas« genannt werden oder auch den eindrucksvolleren Namen »Mechanismus« oder »Vorrichtung« bekommen. Eine weitere Verfeinerung ist: »eine Umwerfvorrichtung«, »eine für das Umwerfen ersonnene Vorrichtung«, »eine zeitliche Regelvorrichtung«.

Die Verwendung solcher Breiwörter ist *keine* Mogelei. Es wird damit nicht scheinbar viel gesagt, ohne wirklich etwas zu sagen. Die Verwendung bedeutungsloser Breiwörter ist ein enorm wichtiger Teil des menschlichen Denkens. Weil der Mensch imstande ist, diese bedeutungslosen Wörter zu verwenden, die nichts besagen, vermag er erfolgreicher zu denken als Tiere. Damit diese Wörter nützlich sind, *müssen* sie verschwommen, formlos und breiig sein. Man kann ein derartiges Breiwort vor sich herschieben, und dann hat man etwas, auf das man hinarbeiten kann. Dieser sehr wichtige Prozeß wird in einem späteren Abschnitt ausführlicher beschrieben.

B 3   Benennung

»Bei Gott ist kein Ding unmöglich.«

»Durch Zauberei.«

»Ich verstehe es nicht, also ist es Zauberei.«

»Irgendein magischer Vorgang.«

»Spiegel? Gewichte und Flaschenzug? Magie!«

»Er fiel um – Grund Schwerkraft.«

»Irgendein Uhrwerk oder eine Schwerkraft-Vorrichtung in dem schwarzen Zylinder erzeugte nach einiger Zeit ein Ungleichgewicht und verursachte das Umfallen.«

»Der schwarze Zylinder fiel um, weil eine elektrische Ladung ihn umwarf.«

»Infolge eines elektrischen Stroms.«

»Ein elektrischer Stromstoß aus einer Batterie ließ den schwarzen Turm umkippen.«

»Elektrischer Magnet.«

»Das schwarze Ding erhielt einen Stoß von einer elektrischen Batterie.«

»Das innere Gleichgewicht durch Erschütterung verändert.«

Magie und Magnete
Bei dieser dritten Etappe des Verstehens wird der in Frage

kommende Vorgang identifiziert und benannt. Statt nur ein Breiwort wie »Vorrichtung« zu gebrauchen, wird der wirkende Mechanismus »Gott«, »Zauberei«, »Schwerkraft« oder »Elektrizität« genannt. Die näheren Einzelheiten, wie der Mechanismus die beobachtete Wirkung zustande bringt, werden nicht angegeben. Auch sind die Einzelheiten nicht notwendig, denn durch Gott und Zauberei ist kein Ding unmöglich. Diejenigen, die Gott oder Zauberei als Erklärung angegeben hatten, meinten es vermutlich nicht ernst, aber es ist eine Stufe des Verstehens, auf die man sich oft begibt, um seltsame Geschehnisse zu erklären. Bei einem der oben angegebenen Beispiele sind mit Zauberei die Taschenspielerkunststücke aus dem Varieté gemeint. Wie jedermann weiß, kann der Zauberkünstler die unmöglichsten Dinge vollbringen, indem er Spiegel und Flaschenzüge verwendet. Um die Situation dort zu erklären, ist es nicht nötig, im einzelnen anzugeben, wie das funktioniert. Es genügt, wenn der Mechanismus als Bühnenzauber oder wirkliche Magie oder Gott bezeichnet wird.

Den Mechanismus zu benennen ist ein sehr großer Fortschritt gegenüber der Stufe, auf der man ganz simpel von einer »Vorrichtung« spricht. Tatsächlich ist es ein so großer Schritt vorwärts, daß er wirklich eine Erklärung bietet. Sobald man einen Mechanismus benennen kann, weiß man, wie man sich verhalten muß. Und der einzige Grund, warum man überhaupt etwas verstehen will, ist, daß man wissen möchte, wie man sich verhalten muß. Dadurch, daß man den Mechanismus als Zauberei erkennt, weiß man, daß da nichts zu machen ist, es sei denn, man findet einen stärkeren Gegenzauber.

In beiden Fällen wird man durch die Benennung des Mechanismus der Notwendigkeit enthoben, weiter nach einer Erklärung zu suchen.

Moderne Magie

Magie ist eine geheimnisvolle Kraft, die etwas bewirkt. Wie, das bleibt im dunkeln. »Schwerkraft« ist ein moderner Name, den wir einer ebenso geheimnisvollen Kraft gegeben haben. Wir kennen ihre Wirkungen, wissen aber nicht, wie sie zustande kommen.

Die modernste Form der Magie ist Elektrizität. Es ist eine ausreichende Erklärung, wenn man sagt, etwas geschehe »infolge eines elektrischen Stroms«. Elektrizität ist allmächtig. Mit Elektrizität läßt sich alles machen. Wie bei der Magie braucht man die Einzelheiten nicht zu kennen, um sie zu beherrschen – durch Anknipsen eines Schalters oder Herausziehen eines Steckers. Aber um einen Mechanismus zu beherrschen, muß man ihn zuerst identifizieren.

Mindere Magie

Gott, Magie, Elektrizität und Schwerkraft sind höhere Magie und können die meisten Dinge vollbringen. Eine sehr viel größere Zahl von Erklärungen machte Gebrauch von der minderen Magie. Diese mindere Magie bestand aus genau benannten Mechanismen wie »Magnete«, »Federn«, »Hitze« usw. Einzelheiten darüber, in welcher Weise diese Mechanismen am Umfallen des schwarzen Zylinders beteiligt waren, wurden nicht angegeben. Es genügte, die Mechanismen zu benennen, denn sie waren offenbar imstande, diese Art Wirkung herbeizuführen.

»Erzeugung von Hitze im Zylinder.«

»Innere Feder warf ihn um.«

»Zeitliche Regelvorrichtung mit Feder änderte Gleichgewicht.«

»Schwarzer Gegenstand – irgendeine Federmechanik.«

»Zeitlich regulierter Federmechanismus.«

»Magnetische Wirkung.«

»Umgerissen durch einen Magneten.«

Am häufigsten kamen drei Mechanismen der minderen Magie vor: Federn, Magnete und Hitze. Von den Teilnehmern, die genaue Erklärungen für den Sturz des Zylinders abgaben und diese Elemente der minderen Magie nannten, entschieden sich

12,8 Prozent für Federn

11,6 Prozent für Magnete

11,4 Prozent für Hitze.

Es ist interessant, daß in Kinderzeichnungen immer sehr viel Federn und Magnete vorkommen, die die gewünschten Wirkungen hervorbringen sollen. Federn und Magnete können wie Gott und Zauberei fast alles zuwege bringen.

Namen bedeuten viel

Sobald man den in Frage kommenden Mechanismus benennen kann, wird die unvertraute Situation sofort verstanden. Man kann hinausstürmen und den steinernen Fruchtbarkeitsgöttern eins aufs Haupt schlagen, wenn die Ernte schlecht ist; man kann den Strom abschalten, wenn die Maschine Amok läuft; man kann sich einen Magneten oder eine Feder besorgen, wenn man einen schwarzen Zylinder zum Umfallen bringen will. Sobald man den Mechanismus benennen kann als Kommunismus, Faschismus, Papismus, Rassismus, Imperialismus, Establishment, Regierung, Radikale oder »die andern«, sofort weiß man, wie man sich zu verhalten hat – oder daß man nicht weiter nach einer Erklärung zu suchen braucht.

B 4 Beschreibung des Vorgangs

»Übergewicht infolge einer langsamen Verlagerung des Inhalts.«

»Gleichgewichtsveränderung infolge eines in der Röhre hochsteigenden Gegenstands.«

»Wegen seiner aufrechten Stellung bewegte sich in ihm ein Gewicht nach oben und ließ ihn umkippen.«

»Etwas auf dem Boden stieg hoch und machte ihn kopflastig ... gleichgewichtsgestört.«

»Zylinder fiel um, weil er kopflastig wurde.«

»Der Schwerpunkt wurde verlagert, so daß er nicht mehr dicht über der Basis lag.«

»Der Schwerpunkt verschob sich über den kritischen Punkt des früheren Gleichgewichts.«

»Der Zylinder fiel um infolge Schwerpunktverlagerung.«

»Schwerpunkt verlagert.«

»Ein Teil der Basis bestand aus einem ›plastischen‹ Material, das sich nach unten ausbeulte (verrutschte), bis der Zylinder die Standfestigkeit verlor.«

»Trickkonstruktion der Basis, die an einer Seite nach unten aufspringt und bewirkt, daß der Zylinder nach der anderen Seite kippt und umfällt.«

»Der Rand, über den der Zylinder fiel, bestand aus Material, das sich langsam zusammendrückte.«

»Etwas kam unten an einer Seite der schwarzen Röhre heraus und ließ sie umstürzen.«

Ursache und Wirkung

Das Umfallen des schwarzen Zylinders ist ein klar umgrenzter Vorgang. Man kann einen Vorgang erklären, indem man zeigt, daß er die direkte Folge von etwas ist, das gerade vorher geschehen war. Was gerade vorher geschehen war, ist die *Ursache:* »Gewicht im Zylinder bewegt sich nach oben«; »Schwerpunktverlagerung«; »langsam zusammengedrückte Kante«; »etwas kam unten aus der Röhre heraus« ... Was als nächstes geschieht, ist die *Wirkung:* »Zylinder kippt um.« Ursache und Wirkung werden bestimmt, indem man einfach eine Kette von Ereignissen an einer passenden Stelle trennt und das, was sich vor dieser

Unterbrechung abgespielt hat, »Ursache« nennt und »Wirkung« das, was danach kommt.

Diese vierte Stufe des Verstehens zeigt, daß der sichtbare Vorgang in Wirklichkeit das Ergebnis eines anderen Vorgangs ist, eines unsichtbaren. So erklärt man die unvertraute Situation, indem man an der Kette der Ereignisse zurückgeht, bis man ein vertrautes Ereignis findet. Eine Verlagerung des Inhalts, eine Verschiebung des Schwerpunkts, ein Stift, der unten herauskommt, all das ist weniger befremdlich als ein umfallender Zylinder. Indem man das verblüffende Umkippen des Zylinders betrachtet unter den Bedingungen solcher bekannten Prozesse, liefert man eine Beschreibung des Vorgangs, eine Erklärung des Wie.

Auf dieser Erklärungsstufe werden die eigentlichen Einzelheiten des Vorgangs nicht angegeben. Uns wird nicht gesagt, wie sich der Schwerpunkt verlagerte oder was in der Röhre hochstieg. Es ist nur eine *allgemeine* Beschreibung des Zustandekommens des Vorgangs. Hervorgehoben wird das, was geschieht, nicht der ganze Kleinkram, der es geschehen läßt. Das Augenmerk ist auf den Vorgang gerichtet, nicht auf seine Bewerkstelligung. Wollte man auf dieser Erklärungsstufe die Tätigkeit eines Anstreichers beschreiben, dann würde das folgendermaßen lauten: »Er klettert hinauf, um die Decke zu streichen.« Ob der Maler dabei eine Trittleiter benutzt oder einen Stuhl auf den Tisch stellt, wird nicht spezifiziert. Diese Methode B 4 ist das genaue Gegenteil der auf der dritten Erklärungsstufe B 3 angewandten Methode. Auf dem Niveau B 3 (»Benennung«) wurde der Mechanismus genau benannt, aber wie er funktionierte, wurde nicht beschrieben. Uns wird gesagt, Magnete oder Federn bringen den Zylinder irgendwie zum Umfallen. Auf dieser vierten Erklärungsstufe B 4 (»Beschreibung des Vorgangs«) wird dagegen die Art und Weise beschrieben, wie die Dinge funktionieren, doch wird kein bestimmter Mechanismus genannt. Uns wird gesagt, ein Gewicht steige im Zylinder hoch, aber wir erfahren nicht, ob das Gewicht durch einen Magneten, eine Feder oder einen Elektromotor gehoben wird.

Name oder Prozeß

In der Praxis ist es oft möglich, von dem Verständnis der Art und Weise, wie etwas funktioniert, auszugehen und dem Prozeß einen Namen zu geben. Andererseits hat man oft, wenn man dem Mechanismus einen Namen geben kann, auch eine Vorstellung von der Funktionsweise. Man kann eine Krankheit als Ruhr diagnostizieren und erst dann die bakterielle Infektion und den Flüssigkeitsverlust des Körpers berücksichtigen. Oder man zieht die offenkundigen Symptome in Betracht und gebraucht erst dann den Namen Ruhr.

Der Vorteil der Benennungsstufe des Verstehens liegt darin, daß es viel einfacher ist, einen Mechanismus zu identifizieren, als genau zu zeigen, wie er funktioniert. Es ist einfacher, etwas »Magie« zu nennen, als zu zeigen, wie der Zauber vor sich geht. Das ist ein Vorteil, denn es ermöglicht einem, weiterzugehen und *etwas zu tun* und nicht warten zu müssen, bis man ausgetüftelt hat, wie der Mechanismus funktioniert. Aber es kann auch ein Nachteil sein, denn man muß sich mit dem Namen des Mechanismus begnügen, statt gleich seine Wirkungsweise herauszufinden. Wenn man wirklich etwas über die Wirkungsweise herausfinden will, ist es viel besser, wenn man damit beginnt, den Vorgang zu verstehen, und ihn erst zuletzt mit einem Namen versieht.

Die unmittelbare Folge

Will man die Art und Weise verstehen, wie etwas funktioniert, dann versucht man, Ursachen für die beobachteten

Wirkungen zu finden. Wie oben erwähnt, ist das gleichbedeutend mit einem zeitlichen Schritt zurück, um zu zeigen, daß das unvertraute Ereignis die unmittelbare Folge eines vertrauten Ereignisses ist. Das ist bei weitem die beste Methode, Ursache und Wirkung in den Blick zu bekommen, denn die ganze Szene wird erfaßt. Wenn man versucht, nur eine Ursache zu isolieren, kann es sein, daß man andere notwendige Faktoren außer acht läßt. Bei dem Experiment mit dem schwarzen Zylinder passierte das sehr oft; davon wird später in dem Abschnitt über Fehler noch ausführlich die Rede sein.

B 5   Begreifen aller Details

»Sie haben den Tisch angestoßen.«

»Ein Helfershelfer hat sich hinter dem Tisch versteckt und drangestoßen, als wir nicht aufpaßten.«

»Jemand hat vom rechten Fenster aus auf den Zylinder geschossen.«

»Das Vibrieren des Overhead-Projektors wirkte zusammen mit Luftströmung aus Ventilatoren und Wind vom Fenster her auf eine gerade eben noch im Gleichgewicht befindliche Versuchsanordnung.«

»Die Röhre war nicht standfest, war aber am Tisch festgeklebt, und der Klebstoff löste sich schließlich.«

»Eine verborgene Aufziehmaus mit Saugnäpfen an den Pfoten klettert die Röhre hinauf, die kopflastig wird und umfällt. Der Aufziehmechanismus ist geräuschlos.«

Ausführliche Zeichnungen auf Seite 37.

Die fünfte Stufe des Verstehens ist die komplexeste, auf die man gelangen kann. Es ist, als ob man Zeichnungen oder Versuchsmodelle vorlegt, damit jemand genau verfolgen kann, was mit dem schwarzen Zylinder geschehen ist. Die meisten Erklärungen auf dieser Stufe wurden tatsächlich in Form einer Zeichnung abgegeben. Statt nur gesagt zu bekommen, daß etwas »durch Elektrizität« funktioniert, wird eine Taschenlampenbatterie gezeigt, die durch Drähte und einen Schalter mit einem Motor verbunden ist, der eine Spiralschnecke kreisen läßt, um ein Gewicht in den oberen Teil des Zylinders zu heben.

Einige der Zeichnungen waren ziemlich kompliziert; aber um genau zu sein, braucht eine Erklärung nicht kompliziert zu sein. Zum Beispiel ist die Erklärung »Sie haben den Tisch angestoßen« eine ebenso genaue Erklärung wie die Zeichnung, auf der Bleikügelchen zu einem Ballon an der Basis hinunterrollen (Seite 37). Der Mechanismus selbst mag kompliziert oder einfach sein – die Erklärung liefert Details, von welchem Mechanismus auch immer.

Wie vollständig
sind vollständige Einzelheiten?

Offenbar ist es niemals möglich, vollständige Einzelheiten im absoluten Sinne anzugeben. Welches sind zum Beispiel die inneren Veränderungen im Metall einer Feder, die ihr Elastizität verleihen? Bei einer Erklärung kann man immer mehr Einzelheiten anbieten, ohne jemals sagen zu können, daß die (im absoluten Sinne) vollständigen Einzelheiten angegeben worden sind. *In der Praxis* hört man auf, wenn die Einzelheiten so vollständig sind, daß sie es überflüssig machen, nach dem Warum oder Wie zu fragen. An diesem Punkt ist die unvertraute Situation zu einer vertrauten geworden. Paradox ist, daß die Situation wieder unvertraut werden kann, wenn man sich über die praktischen Einzelheiten hinaus um weitere Details bemüht. Die Elastizität einer Feder ist etwas Vertrautes, aber wenn man weitergeht und sich über die Metallurgie einer Feder ausläßt, dann würde die Erklärung unverständlich werden.

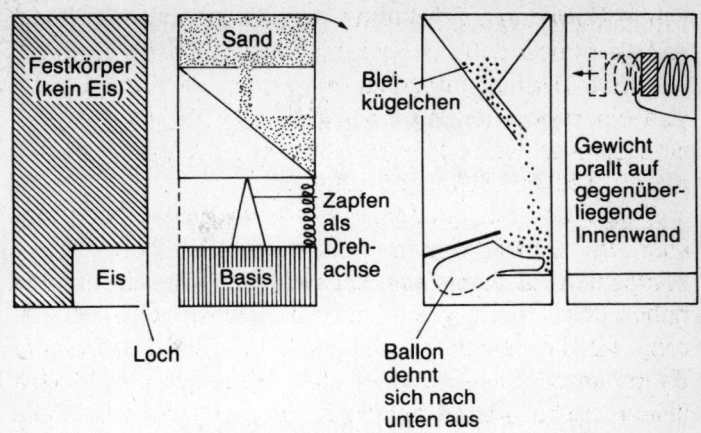

Festkörper (kein Eis) — Eis — Loch

Sand — Zapfen als Drehachse — Basis

Bleikügelchen — Ballon dehnt sich nach unten aus

Gewicht prallt auf gegenüberliegende Innenwand

Kombination der dritten und vierten Stufe

Die fünfte Stufe des Verstehens ist eine Kombination der dritten und vierten Stufe. Wie in der vierten Stufe beschreibt B 5: »Begreifen aller Details« die Funktionsweise der Dinge, aber sie geht noch darüber hinaus und spezifiziert und benennt den ganzen Kleinkram, der damit zusammenhängt. Noch weiter kann man nicht gehen.

Übersicht über die Stufen des Verstehens

In diesem ganzen Kapitel ist die Erklärung als die mitteilbare Form des Verstehens aufgefaßt worden. Verstehen ist persönlich und subjektiv. Die Erklärung macht das Verstehen für andere sichtbar.

B 1: Beschreibung des Wahrgenommenen
B 2: Breiwörter
B 3: Benennung
B 4: Beschreibung des Vorgangs
B 5: Begreifen aller Details

Wenn Sie aufgefordert würden zu erklären, wie ein Auto

37

funktioniert, wären die fünf Erklärungsstufen etwa folgende:

Beschreibung des Wahrgenommenen

»Ein Auto fährt auf der Straße, und Leute sitzen darin.«

Breiwörter

»Da ist ein Mechanismus, der das Auto von selbst fahren läßt.«

Benennung

»Das Auto wird mit Benzin angetrieben.«

Beschreibung des Vorgangs

»Die sich ausdehnenden Gase im Motor erzeugen Energie, die auf die Räder übertragen wird, damit sie sich drehen und das Auto vorwärtsbewegen.«

Begreifen aller Details

»Flüssiger Brennstoff (Benzin) wird aus dem nachfüllbaren Tank durch eine Leitung zum Vergaser gepumpt. Dort tritt der Brennstoff durch das Nadelventil in die Schwimmerkammer ein und bildet im Ansaugrohr mit Luft einen Gemischnebel. Durch Wärmeaufnahme auf dem Weg vom Vergaser zum Zylinder werden die im Gemischnebel schwebenden Flüssigkeitsteilchen verdampft und bilden ein leicht entzündbares Dampf-Luft-Gemisch. Dieses Gemisch wird durch das geöffnete Einlaßventil beim Abwärtsgang des Kolbens in den Zylinder gesaugt. Beim folgenden Aufwärtsgang des Kolbens wird das Gemisch vor den geschlossenen Ventilen verdichtet und durch den elektrischen Funken einer Zündkerze gezündet ... usw.«

Die hier in groben Zügen dargestellten fünf Stufen des Verstehens werden nicht nur bei Erklärungen gebraucht, sondern bei allem Denken, Reden oder Disputieren über ein Thema. So mag jemand über einen Aufstand nur das sagen, was er gesehen hat; ein zweiter wird von »Massenpsychologie« reden; ein dritter wird das Vorkommnis kommunistische Wühlarbeit taufen; ein vierter wird die Hintergründe, Ursachen und Anlässe schildern, die zu dem Aufstand geführt haben; und ein fünfter wird versuchen, alle Details vollständig vorzulegen.

Dieselben Stufen des Verstehens sind auch die Grundlage des Handelns und Entscheidens. Es scheint ein weiter Weg zu sein von der Einfachheit des Experiments mit dem schwarzen Zylinder zur Komplexität eines Aufstands, doch handelt es sich für uns nicht um Zylinder oder Aufstände, sondern um die grundlegenden Denkverfahren.

- Es ist unmöglich, überhaupt nichts zu sagen, wenn man etwas sagt.
- Nur weil der Mensch diese bedeutungslosen Wörter, die nichts besagen, zu gebrauchen vermag, ist er fähig, wirkungsvoller zu denken als Tiere.
- Sobald man einen Mechanismus benennen kann, weiß man, wie man sich verhalten muß, und der einzige Grund, warum man überhaupt etwas verstehen will, ist, daß man wissen möchte, wie man sich verhalten muß.
- In der Praxis hört man auf, wenn die Einzelheiten so vollständig sind, daß sie es überflüssig machen, nach dem Warum und Wie zu fragen.
- Paradox ist, daß die Situation wieder unvertraut werden kann, wenn man sich über die praktischen Einzelheiten hinaus um weitere Einzelheiten bemüht.

---

4. DER ZWECK DES VERSTEHENS

Wie viele Einzelheiten?

Tausend Personen bemühten sich, das Umfallen des schwarzen Zylinders zu verstehen. 325 von ihnen (32,5 Prozent) gaben dafür eine Erklärung der ersten (B 1) oder der zweiten Stufe (B 2). Lag das daran, daß sie nicht zu einer höheren Stufe gelangen *konnten?* Oder daran, daß sie nicht genug Zeit hatten? Oder daran, daß sie diese Erklärungsstufe für *ausreichend* hielten?

Welche Stufe des Verstehens wählt man? Geht man so weit, wie man kann? Oder hört man auf, sobald man eine Stufe erreicht hat, die einem zu handeln ermöglicht? Oder geht man erst so weit wie möglich und kommt dann zu einer praktischeren Stufe zurück?

Wissenschaftliche Analyse
Wenn man die fünf Erklärungsstufen betrachtet, ist man geneigt zu glauben, je höher hinauf man komme, desto besser. Stufe 5 erscheint besser als Stufe 4 und Stufe 4 wiederum besser als Stufe 3. Das ist die wissenschaftliche Tradition, die darauf beharrt, die Dinge müßten *möglichst vollständig* erklärt werden. Deshalb arbeitet man sich bis zur kleinsten Kleinigkeit vor und versucht dann, durch Experiment und Beobachtung noch weiter zu gelangen. Das Streben nach den vollständigsten Einzelheiten ist ein Ziel an sich – es handelt sich dabei nicht darum, genug Einzelheiten zu erlangen, um handeln zu können. »Die befruchtete oder unbefruchtete Eizelle einer Henne, ruhend in diversen Eihüllen, umgeben von einer kalkhaltigen Schale elliptischer Form, die es widerstandsfähig macht gegen Druckverformung (aber nicht gegen Stoßeinwirkung), wird unter Normalnullbedingungen drei Minuten in

100°C heißes Wasser gelegt; in dieser Zeit koaguliert der Albumen-Proteinteil des Eies und...« Das ist der Standpunkt der vollständigen Einzelheiten. Aus dieser Geisteshaltung sind die größten wissenschaftlichen und technologischen Leistungen des Menschen hervorgegangen. Doch beim gewöhnlichen praktischen Denken nehmen sich Erklärung und Verstehen ganz anders aus: »Man stelle den Topf aufs Feuer, und wenn man sieht, daß das Wasser sprudelt, lege man das Ei hinein. Nach drei Minuten nehme man es wieder heraus.«

Gewöhnliches Denken

Bei der wissenschaftlichen Analyse gibt es viele Daten und wenig Taten, während es beim gewöhnlichen Denken viele Taten und wenig Daten gibt. Das Handeln ist der Hauptzweck des gewöhnlichen Denkens. Es geht nicht darum, möglichst viel Wissen anzusammeln, sondern gerade genug Wissen zu erlangen, um erkennen zu können, was als nächstes zu tun ist.

Ein Wissenschaftler mag beschließen, sich sein Leben lang ausschließlich auf die genetische Struktur eines Mükkenflügels zu konzentrieren. Die wissenschaftliche Forschung mag sich auf ein winzig kleines Gebiet konzentrieren wollen, doch das gewöhnliche Denken muß sich mit einer Vielzahl von Situationen auseinandersetzen, die es sich nicht ausgesucht hat, sondern vor die es gestellt wird. Meist sind nur sehr wenige Daten vorhanden. Das gewöhnliche Denken befaßt sich mit so verschwommenen Themen wie menschliches Verhalten, Politik und Wirtschaft. Selbst wenn gute Daten vorhanden sind, mag es schwierig sein, sie rechtzeitig, ehe etwas getan werden muß, zu erhalten.

Wenn sich das gewöhnliche Denken an die Bräuche der wissenschaftlichen Forschung halten würde, wäre das Leben unmöglich, denn niemand könnte praktisch etwas tun. Beim gewöhnlichen Denken ist das Ziel des Verstehens ein ganz anderes als in der wissenschaftlichen Forschung. Statt automatisch nach der Stufe möglichst ausführlicher Erklärung zu streben, wird die einfachste Erklärungsstufe angestrebt, die es ermöglicht, weiterzukommen und etwas zu tun. Sobald eine Erklärung einem ermöglicht, in einer Situation etwas zu tun, ist sie ausführlich genug. Ein Ehemann kommt abends nach Hause und ist reizbar und schlecht gelaunt. Seine Frau weiß nicht, was sie mit ihm anfangen soll – bis sie erfährt, daß er seine Aktentasche im Zug verloren hat.

Etwas tun

Eine Erklärung ist ausführlich genug, wenn sie einem folgendes ermöglicht:

1. Zu dem Schluß zu kommen, daß die Situation es nicht wert ist, daß man sich den Kopf über sie zerbricht, daß sie nicht zur Kenntnis genommen werden muß (z. B. der schwarze Zylinder).
2. Zu dem Schluß zu kommen, daß die Situation wichtig ist, aber im Augenblick kein weiteres Tun erfordert (z. B. ein Kurssturz auf dem Aktienmarkt).
3. Zu dem Schluß zu kommen, daß die Situation gefährlich ist und vermieden werden sollte (z. B. wenn man teils Gürtel-, teils Normalreifen am Wagen hat).
4. Zu dem Schluß zu kommen, daß die Situation gut ist und ausgenützt werden sollte (z. B. günstige Bahntarife zu einer Ferienreise).
5. Sich für eine *bestimmte* Reaktion auf eine *bestimmte* Situation zu entscheiden (z. B. ein Arzt, der eine Lungenentzündung mit Penicillin behandeln will).
6. Zu dem Schluß zu kommen, daß man eine ausführli-

chere Erklärung braucht (z. B. die logische Verknüpfung unter die Lupe nehmen).

Keine dieser Möglichkeiten erfordert ein sofortiges Begreifen aller Details. Eine Erklärung auf einer der anderen Stufen kann einen in die Lage versetzen, etwas zu tun – weiterzugehen. Das Weitergehen kann natürlich bedeuten, daß weitere Einzelheiten für eine B 5-Erklärung erarbeitet werden müssen. Aber das ist nur manchmal der Fall.

Bedürfnis und Zweck

Stellen Sie sich ein enges Tal vor, das überquert werden muß. Wenn Sie zu Fuß gehen und in Eile sind, könnten Sie über die wacklige Brücke laufen, die die beiden Schluchtränder in schwindelnder Höhe verbindet. Wenn Sie mit dem Wagen unterwegs sind, ziehen Sie die kürzere und daher stabilere Brücke vor, die tiefer an der Tallehne sitzt. Wenn Sie einen Lastwagen fahren, ist Ihnen die noch kürzere und stabilere Brücke lieber, die dicht über der Talsohle gebaut ist. Wenn Ihnen an absoluter Gefahrlosigkeit und Verläßlichkeit gelegen ist, dann steigen Sie hinunter zur Talsohle, überqueren sie und klettern an der anderen Seite wieder hinauf. Diese Brücken von unterschiedlicher Stabilität und in verschiedenen Höhenlagen entsprechen den Stufen des Verstehens. Sie benutzen die Brücke oder Stufe, die für Ihren Zweck stabil genug ist. Sie brauchen nicht jedesmal zur Talsohle hinabzusteigen, wenn Sie hinüber wollen, ebensowenig wie Sie die Molekularstruktur von Albumen kennen müssen, um ein Ei zu kochen. Wenn Sie in Eile sind, kann die lange, wacklige Brücke zwischen den Schluchträndern praktischer sein.

Gefahr der Ausführlichkeit

Wenn die B 5-Stufe mit Erklärung aller Details auch vielleicht nicht immer notwendig ist, wäre es nicht dennoch besser, sie nach Möglichkeit anzustreben? Man hat das Gefühl, daß man sich eigentlich auf der B 5 bewegen müßte, wenn man nur könnte. Man bewundert ausführliche Erklärungen und entschuldigt sich für die Oberflächlichkeit niedrigerer Erklärungsstufen. Es muß sinnvoller sein, etwas von Pflanzenkrankheiten zu verstehen und sie zu behandeln, als eine Mißernte dem Groll der steinernen Fruchtbarkeitsgötter zuzuschreiben.

Andererseits kann in zu großer Detailliertheit eine Gefahr liegen. Als ich die Ergebnisse des Zylinderexperiments analysierte, stellte ich bald fest, daß man nicht auszählen konnte, wie viele Erklärungen zutreffend waren und wie viele nicht. Bei den ausführlichen Erklärungen und Zeichnungen vom Typ B 5 war es nicht schwierig, aber unmöglich auf anderen Stufen, bei denen eine allgemein gehaltene Aussage eine richtige Erklärung einschließen konnte, selbst wenn der Teilnehmer sich keine ausdenken konnte. »Der Zylinder enthält eine Vorrichtung, die bewirkt, daß er umfällt.«

Ist das nun richtig oder falsch? Wie Politiker, Ärzte, Astrologen und Futurologen sehr genau wissen, verringert man das Fehlerrisiko, wenn man sich an eine allgemeine Erklärungsstufe hält, denn durch die Festlegung auf Einzelheiten erhöht man dieses Risiko. Das mag als eine feige Haltung erscheinen. Aber wenn Sie sich für ein angemessenes Handeln entscheiden müssen, ist es besser, Sie stützen sich auf eine allgemeine Erklärung, die wahrscheinlich nicht falsch ist, als auf eine ganz ausführliche Erklärung, die sehr wohl falsch sein kann.

In der Wissenschaft ist indes das Ziel einzig und allein, sich auf ausreichende Einzelheiten festzulegen, um sich selbst zu beweisen, daß man auf dem Holzweg ist, denn das ist die Methode, wie man seine Ideen in bessere verwandelt.

Selbst in der Wissenschaft kann der Versuch, allumfassende Erklärungen zu bieten, mehr schaden als nützen, wenn es nicht genug Daten gibt, um die Erklärung zu verwerfen. Das menschliche Denken neigt stark dazu, ungeheuer fein gesponnene Systeme hervorzubringen, die nur dank der sauberen Handarbeit, mit der die Fäden verknüpft sind, zusammenhalten. In der Geschichte der Wissenschaft wimmelt es von ausführlichen Erklärungen für Alchimie, Astrologie, Schädlingsforschung usw. Die Geschichte der Medizin und Psychologie ist insbesondere gespickt mit ausführlichen Erklärungen, die den Fortschritt mehr gehindert als gefördert haben. Wenn Sie nur eine verschwommene Erklärung haben, dann versuchen Sie sie zu verbessern und bleiben für neue Ideen aufgeschlossen. Haben Sie eine ausführliche und scheinbar vollständige Erklärung, dann wollen Sie nichts, als sie bewahren und verteidigen.

Auf Nützlichkeit kommt es an

Es wäre ganz falsch, wollte man annehmen, daß allgemeine Erklärungen besser seien als ausführliche. Doch wäre es ebenso falsch zu behaupten, daß ausführliche Erklärungen automatisch besser seien als allgemeine. Worauf es wirklich ankommt, ist die Nützlichkeit der Erklärung. Oft erhöhen Einzelheiten die Nützlichkeit nicht, sondern geben der Sache nur den falschen Anschein von Gültigkeit. Wichtig ist bei der Erklärung, wohin man damit kommt. Und es mag leichter sein, von einer allgemeinen Vorstellung aus weiterzugehen als von einer allzu ausführlichen, von der man erst einmal abrücken muß. Der Haken dabei ist, daß es einem unter Umständen mehr gegen den Strich geht, von einer allgemeinen Vorstellung aus überhaupt noch weiterzugehen, da es weniger notwendig zu sein scheint, sie zu ändern.

Schwarze Kästen

Wie funktioniert ein Auto? »Durch Einschalten der Zündung.« Das ist alles, was die meisten Menschen über Autos wissen. Sie wissen, daß irgendwo ein Motor ist (man braucht nicht einmal zu wissen, ob vorn oder hinten) und ein Getriebe und dergleichen, aber man braucht nicht zu wissen, wie das alles funktioniert, um einen Wagen zu fahren. Man steigt einfach ein, dreht den Zündschlüssel und ist imstande, ebenso erfolgreich Auto zu fahren wie jemand, der alles über Benzinmotoren, Vergaser und Kraftstoff-Einspritzung weiß.

Für die meisten Menschen ist das Auto ein »Schwarzer Kasten«. Sie wissen, wie man es fährt, aber nicht, was in ihm vorgeht. Der Name »Schwarzer Kasten« deutet an, daß man nicht sehen kann, was drinnen geschieht. Von einem Schwarzen Kasten braucht man nichts weiter zu wissen, als daß, wenn man gewisse Dinge tut (z. B. die Zündung einschalten), gewisse andere Dinge geschehen (z. B. daß der Wagen anfährt). Was dazwischen geschieht, braucht man nicht zu wissen. Um ein Telefongespräch zu führen, braucht man nichts über Mikrophone, Induktionsspulen, Relais, Verstärker usw. zu wissen. Um ein Fernsehgerät einzuschalten und einen Cowboyfilm zu betrachten, braucht man nichts über Braunsche Röhren, Phosphorscheiben, Sägezahnsignale, Thyristoren usw. zu wissen. Vom Staubsauger braucht man bloß zu wissen, daß man auf einen Knopf drückt und er dann zu saugen beginnt.

Den richtigen Knopf drücken

Das auffälligste Merkmal bei Kinderzeichnungen in der Altersgruppe von fünf bis acht Jahren ist, daß bei ihnen alles durch Schalter geregelt wird. Jede Maschine, wie primitiv auch immer, ist sorgfältig mit einem Knopf »An«

versehen, um sie in Gang zu setzen, und mit einem Knopf »Aus«, um sie abzustellen. Die Knöpfe steuern nicht das inwendig befindliche Getriebe. Die Knöpfe *sind* das Getriebe.

Wenn eine bestimmte Wirkung hervorgebracht werden soll, wird ein besonderer Knopf vorgesehen. »Drücken Sie den richtigen Knopf, und alles passiert.« In dem Entwurf eines Sechsjährigen für ein Briefträgerfahrrad gab es drei Knöpfe: Der erste lieferte eine Tasse heißen Tee; der zweite sorgte dafür, daß sich das Rad bewegte und selbst steuerte, während der Briefträger ein Comic-Heft las (eine Art automatische Steuerung); und der dritte Knopf zauberte einen Sklaven herbei, der umherlief und die Briefe in die Briefkästen steckte. Die drei Knöpfe waren an der Lenkstange angebracht. Beim Entwurf für eine »Spaßmaschine« sah ein Kind eine richtige kleine Schalttafel vor, die wie eine Uhr am Handgelenk getragen werden konnte. Auf dieser Schalttafel war eine Reihe kleiner Knöpfe, die man drückte, um »lustige« Dinge zu bekommen. Wenn man den richtigen Knopf drückte, kam Schokolade. Wenn man den richtigen Knopf drückte, kam eine Schwesternausrüstung. Wenn man den richtigen Knopf drückte, kamen Zirkustiere – »und ein Löwe«.

Dieser Fimmel des Knopfdrückens ergibt sich ganz folgerichtig, wenn Menschen im elektrisch-elektronischen Zeitalter aufwachsen. Man hat nichts als einen Kasten, drückt den richtigen Knopf, und man erhält die Wirkung, die man will. Der Fimmel des Knopfdrückens tritt an die Stelle des alten Ticks mit Ursache und Wirkung, bei dem man beobachtete, wie die Dinge geschahen. Wenn man nach der alten Masche von Ursache und Wirkung Wäsche waschen wollte, mußte man sie in einem Bottich durchwalken. Wollte man Mauersteine bei einem Neubau nach oben bringen, benutzte man einen Flaschenzug. In der

Masche des Knopfdrückens hat man eine Waschmaschine oder einen Kran und drückt in beiden Fällen den richtigen Knopf. Der Übergang von der Ursache-Wirkung-Sehweise zur Knopfdruck-Sehweise könnte sehr wohl die wichtigste kulturelle Veränderung im Denken seit vielen hundert Jahren gewesen sein.

Zauber und besondere Götter

In gewisser Beziehung ist die Sehweise des Knopfdrückens eine Rückkehr zu den Tagen der Zauberei und der besonderen Götter. Wenn man eine bestimmte Wirkung herbeiführen wollte, brauchte man sie nur mit dem richtigen Zauber oder Juju »auszulösen.« Wenn man wollte, daß es regnet, drückte man den richtigen Knopf. Wenn man seinen Feind krank machen wollte, drückte man den richtigen Knopf. Der Zauber oder Juju stand in keiner verständlichen Beziehung zu der hervorgebrachten Wirkung als das Drücken eines Knopfes zu einem Fernsehbild. Es gibt keine wahrnehmbare Verkettung von Ursache und Wirkung, sondern alles geschieht auf geheimnisvolle Weise. Der Prozeß ist ein *Identifikationsprozeß* geworden. Statt zu versuchen, wie man es *macht,* damit etwas geschieht, findet man den richtigen Knopf (oder Zauber oder Juju) und setzt die Dinge in Gang. Wie schon zuvor erwähnt, ist Elektrizität die moderne Magie, die durch das Drücken des richtigen Knopfes ausgelöst wird.

Primitiver, aber fortgeschrittener

Diese Sehweise des Knopfdrückens mag ziemlich primitiv erscheinen, denn sie ist eine Rückkehr zu den Tagen der »Magie«. Doch in einer anderen Beziehung ist sie ein Fortschritt in Richtung auf eine *höher entwickelte* Betrachtungsweise. Ein wachsendes Interesse für den Aufbau komplexer Systeme ist an die Stelle der statischen wissenschaftlichen Einstellung des 19. Jahrhunderts getreten. Das ist teilweise die Folge des zunehmenden Interesses an lebenden Organismen, die komplexe Systeme sind und nicht auseinandergenommen werden können wie eine Dampfmaschine. Wenn man drei Bücher aufeinanderlegt, sind das drei Bücher, die aufeinanderliegen, bis man sie wieder wegnimmt. Dies ist die alte Sehweise von Ursache und Wirkung – die statische Anschauung. Bei komplexen Systemen geht dauernd etwas vor sich. Es handelt sich nicht so sehr darum, etwas geschehen zu lassen, als vielmehr darum, die richtige Art und Weise zu finden, wie man die Dinge beeinflußt, um eine Wirkung auszulösen. Das ist die dynamische Betrachtungsweise. Die hervorgebrachte Wirkung ist nicht die offenkundige Folge dessen, was man tut, sondern beruht auf dem Wirken des Systems selbst als Schwarzer Kasten, ebenso wie ein Fernsehbild auf dem Funktionieren des Fernsehgeräts beruht und nur dadurch ausgelöst wird, daß man den richtigen Knopf drückt. Wenn ein Arzt antibiotisches Tetracyclin anwendet, um Erreger abzutöten, ist es nicht dasselbe, wie wenn er jedem Erreger mit einem Hämmerchen auf den Kopf schlagen würde, was der Fall wäre, wenn er ein starkes keimtötendes Mittel verwendete. Das Antibiotikum löst gewisse Veränderungen in dem Erreger selbst aus, die ihn unfähig machen, weitere Erreger zu erzeugen. Dann tötet das Abwehrsystem des Körpers die Erreger ab. Mit dem Antibiotikum macht man sich also das »System« des Erregers und das »System« des Körpers zunutze.

In der Medizin und Biologie erkennt man das Vorhandensein komplexer Systeme und sucht immer nach dem richtigen Knopf, um die gewünschten Wirkungen auszulösen. Manchmal versteht man den ganzen Mechanismus, der im Spiel ist, doch meist findet man nützliche Knöpfe, die gedrückt werden können, ohne daß man weiß, welcher

Mechanismus damit eigentlich in Gang gesetzt wird. Aspirin ist eins der nützlichsten und wirksamsten Medikamente und wird tonnenweise eingenommen. Dennoch haben wir keine Ahnung, wie Aspirin eigentlich wirkt. Die Verwendung von Aspirin ist immer noch nicht weit entfernt von jenem Briefträgerfahrrad, bei dem ein Knopf gedrückt wird, damit eine Tasse Tee herauskommt.

Diese Verlagerung auf komplexe Systeme, deren man sich bedient, indem man den richtigen Knopf findet und drückt, ist fortgeschrittener als die krude Manipulation mit Ursache und Wirkung in der Vergangenheit. Einige im Hinblick auf ihre Medienwirksamkeit sorgfältig ausgewählte Wörter können heute zum Beispiel das Denken der Menschen effektiver beeinflussen als so krude Maßnahmen wie Konzentrationslager oder Verbrennungen auf dem Scheiterhaufen.

Das Zeitalter der Automation

Da die Maschinen in der Industrie und auch im täglichen Leben immer komplizierter werden, ist die Meinung vertreten worden, es werde eine Zeit kommen, da die Mehrzahl der Menschen zu dumm sein wird, um überhaupt etwas tun zu können. Diese Gefahr wird vermieden werden durch die Umstellung auf die Sehweise des Knopfdrükkens. Wie kompliziert die Maschine auch sein mag, man braucht nichts zu tun, als den richtigen Knopf zu drücken. Schließlich ist ein Auto auch eine enorm komplizierte Maschine. Dennoch braucht man kein Genie oder Ingenieur zu sein, um Auto zu fahren.

Unwissenheitswerkzeuge

Manche Leute glauben, Schwarzer Kasten sei in Wirklichkeit bloß ein anderes Wort für Unwissenheit. Das ist es. Aber es macht es möglich, daß wir uns der Unwissenheit auf effektive Weise *bedienen,* statt von ihr behindert zu werden. Der Kfz-Mechaniker rümpft vielleicht die Nase über die ahnungslose Blondine, die den Wagen als einen magischen Schwarzen Kasten ansieht, der durch eine Drehung des Zündschlüssels funktioniert.

Aber der Mechaniker selbst bedient sich auf genau dieselbe Weise der Schwarzen Kästen. Weiß er soviel über die physikalische Chemie von explodierendem Benzin, wie man überhaupt wissen kann, oder nur gerade genug, um sich dieser Explosion nach Art eines Schwarzen Kastens zu bedienen? Weiß er soviel über die Oberflächenphysik von Schmiermitteln, wie man wissen kann, oder verwendet er sie einfach nach Art eines Schwarzen Kastens als Schmiermittel, die bestimmte Eigenschaften haben? Weiß er soviel über die Metallurgie von Getrieberädern, wie man wissen kann, oder verwendet er einfach die ihm zur Verfügung gestellten Getrieberäder als Schwarze Kästen?

Gleichgültig, wieviel man auch versteht, zu guter Letzt landet man immer bei Schwarzen Kästen. Das liegt daran, daß es einfacher ist, eine Wirkung wahrzunehmen, als zu verstehen, wie sie hervorgebracht wird. Die Sarazenen verwendeten Stickstoff, um die Qualität des Stahls ihrer Schwertklingen zu verbessern, und zu diesem Zweck wurden die Klingen erhitzt und dann einem Sklaven in den Leib gestoßen; das taten sie lange, bevor das Herstellungsverfahren für Spezialstähle unter Verwendung von Stickstoff entwickelt worden war.

In der Wissenschaft wimmelt es von Schwarzen Kästen. Die Schwerkraft ist ein gutes Beispiel für einen Schwarzen Kasten. Wir kennen ihre Wirkungen, vermögen sie zu berechnen und uns mit ausreichender Genauigkeit ihrer zu bedienen, um Menschen den Mond umkreisen zu lassen. Aber in Wirklichkeit verstehen wir sie nicht. »Magnetismus« ist ein weiterer Schwarzer Kasten. Ebenso der

Begriff »Elektron« oder sogar »Licht«. Einer der grundlegendsten Prozesse im menschlichen Körper ist die Art und Weise, wie Natrium aus Zellen in die sie umschließende Flüssigkeit gepumpt wird. Die ganze Tätigkeit des Gehirns und des Nervensystems beruht auf diesem Prozeß. Doch wissen wir sehr wenig darüber. Das Natrium scheint sich in einer seinem natürlichen »Fluß« entgegengesetzten Richtung zu bewegen. Wir können nur sagen, es müsse eine »Natriumpumpe« geben, weil wir eine Pumpe verwenden, wenn wir wollen, daß Wasser sich gegen seinen natürlichen Fluß bewegt. Das ist genau dasselbe, wie wenn man sagt: »Es gibt da einen Mechanismus, der den Zylinder umfallen läßt.«

Bockspringen

Schwarze Kästen sind außerordentlich nützlich. Das Leben (und die Wissenschaft) wären ohne sie unmöglich. Sie sind nützlich, weil sie uns ermöglichen, im Denken und Handeln weiterzugehen. Es gäbe nicht viele Autos auf den Straßen, wenn jeder Fahrer über Benzinmotoren und Getriebe alles wissen müßte, was es zu wissen gibt. Werbefernsehen wäre wenig einträglich, wenn es nur Fernsehzuschauer gäbe, die so viel von Geräten verstehen, daß sie sie selber bauen könnten.

Schwarze Kästen versetzen uns in die Lage, uns einer Wirkung zu bedienen, ohne im einzelnen genau zu verstehen, wie sie zustande kommt. Sie ermöglichen uns, trotz unserer Unwissenheit mit Dingen umzugehen. Man muß nur wissen, wie man zuverlässig die Wirkung auslöst. So lernt man, den richtigen Knopf zu drücken, und dann kann man einen »Bocksprung« über alle dazwischen liegenden Einzelheiten machen und sich der Wirkung, die man haben will, *bedienen.*

Will man sich einen Schwarzen Kasten zunutze machen,

muß man ihn zuerst erkennen, damit man weiß, welches der richtige Knopf ist, den man drücken muß. Sobald man die Situation identifizieren kann, weiß man, was man tun muß, um die erwünschte Wirkung herbeizuführen. Das ist der Grund, warum Namen so wichtig sind, denn sie sind das wichtigste Identifikationsmittel.

Die Verwendung von Schwarzen Kästen entspricht der zweiten und dritten Stufe des Verstehens. Sie können ein Fernsehgerät ein Fernsehgerät nennen, und das erklärt, wie es funktioniert (B 3: Benennung). Oder Sie können sagen, es gibt einen »Mechanismus«, der Bilder hervorbringt (B 2: Breiwörter).

Benannte Begriffe und Begriffsbündel

Wenn zwei oder mehr Begriffe oder Vorstellungen zu einem Bündel zusammengefügt werden, das als solches gebraucht wird, dann ist das ein Begriffsbündel. »Eine Vorrichtung, um die Zeit anzugeben« ist ein Begriffsbündel. Ebenso »das politische System, bei dem das Volk seine Regierung wählt«. Wenn ein Begriffsbündel oft genug gebraucht wird, dann wird es ein Name. Die Vorrichtung, um die Zeit anzugeben, wird eine »Uhr«, und das politische System wird »Demokratie«. Sobald es einen Namen erhalten hat, wird das Begriffsbündel permanent. Ein benannter Begriff ist einfach ein Begriffsbündel, das dadurch, daß es einen Namen erhalten hat, permanent geworden ist. So sind »Uhr«, »Katze«, »Maus«, »Liebe«, »Schwingung«, »Bewegung« usw. lauter benannte Begriffe. Benannte Begriffe sind für das Denken sehr nützlich. Es würde schwierig sein, jemandem, dem der benannte Begriff »Golf« nicht geläufig ist, zu erklären, was hochbezahlte Manager tun, die scheinbar planlos auf einer weiten Wiese umherlaufen und einen kleinen weißen Ball verfolgen, den sie offenbar nicht mögen. Hätten wir nicht den benannten Begriff »Regierung«, wäre es wohl schwierig, über Politik nachzudenken. Im übrigen gibt es viele Dinge, über die wir nachdenken sollten, es aber nicht können, weil wir noch keine benannten Begriffe dafür entwickelt haben.

Inhalte

Der Hauptvorteil eines Begriffsbündels ist, daß es zusammengesetzt ist und sehr leicht wieder auseinandergenommen werden kann. Ein Begriffsbündel enthält nur, was zu einem bestimmten Zeitpunkt in das Bündel hineingetan worden ist. Aber ein benannter Begriff ist ein permanentes Begriffsbündel. Mit der Zeit fügt man der ursprünglichen Auswahl vielleicht weitere Begriffe oder Vorstellungen hinzu, doch ist es sehr schwierig, Vorstellungsinhalte wieder zu eliminieren, wenn sie sich erst einmal festgesetzt haben. Jemand, der von der Vorstellung ausgeht, daß Kapitalisten Ausbeuter sind, wird vielleicht noch hinzufügen, daß sie erfolgreich sind, aber kaum auf die Idee verfallen, sie für Philanthropen zu halten.

Bewegung

Denken ist der Vorgang der Bewegung von einem Begriff oder Gedanken zu einem anderen. Die Verwendung von benannten Begriffen oder Begriffsbündeln erzeugt automatisch Bewegung, wenn der Verstand vom einen zum anderen wandert. Kinder, die sich für ein Kostümfest herausputzen, holen alte Kleider aus der Klamottenkiste. Ein Kind zieht sich irgendwelche Sachen an, woraufhin ein anderes Kind sagt: »Ach, du siehst aus wie ein Zigeuner« (oder ein Araberscheich oder ein Seeräuber). Das Kleiderbündel hat sich von selbst arrangiert und zieht dann einen *bestimmenden Namen* auf sich. Ein anderes Kind geht vielleicht von dem Gedanken aus, sich als Araberscheich zu verkleiden, und sammelt nun Bettücher und solche Dinge, die zu dem

Begriffsbündel »Araberscheich« gehören. Das eine Kind ist von einem Begriffsbündel ausgegangen und bei einem benannten Begriff angelangt, das andere ist von einem benannten Begriff zu einem Begriffsbündel gekommen.

Diese automatische Bewegung kann man sehen, wenn man mit dem Begriffsbündel »etwas, das sich voraussagbar mit dem Ablauf der Zeit bewegt« beginnt. Von hier aus gelangt man zu dem benannten Begriff »Uhr«. Von diesem benannten Begriff kommt man zu dem Begriffsbündel, das dem Namen »Vorrichtung, um die Zeit zu messen« zugrunde liegt. Von diesem Begriffsbündel kann man wieder zu einem neuen benannten Begriff gelangen: »Eieruhr«. Dann zu dem zugrunde liegenden Begriffsbündel »zwei Behälter mit Sand, der langsam vom einen in den anderen rieselt«. An diesem Punkt ist man zu einem Begriffsbündel gekommen, mit dem das Umfallen des schwarzen Zylinders erklärt werden könnte. Wenn man wollte, könnte man noch weiter gehen, den benannten Begriff »Sand« aufgreifen und zu dem Begriffsbündel »Sammlung von Teilchen, die ziemlich schwer sind« gelangen. Von hier aus könnte man zu dem benannten Begriff »Bleikügelchen« kommen, der in einigen der eingereichten Erklärungen erwähnt war.

Wenn man von dem benannten Begriff zu dem zugrunde liegenden Begriffsbündel geht, braucht dieses Bündel nicht die ganze Auswahl von Begriffen zu enthalten, die den benannten Begriff ergeben, sondern nur einige davon. Man kann von dem benannten Begriff »Magneten« zu »Fernwirkung« gelangen, ohne alle Eigenschaften von Magneten aufführen zu müssen.

Bedingungen

Wenn man versucht, eine unbekannte Situation zu verstehen, kann man eine Liste von allem aufstellen, was einem auffällt, und daraus ein Begriffsbündel machen. Im Fall des

schwarzen Zylinders könnte die Liste der »Bedingungen«
zum Beispiel lauten:

»etwas, das nach einer bestimmten Zeit wirkt«

»leise«

»wirkt plötzlich«

»klein genug, um in den Zylinder zu passen«

»etwas, das mit einer Gewichtsverlagerung zu tun hat«

Diese Auflistung veranstaltet man in der Hoffnung, daß
man, wenn auf diese Weise ein Begriffsbündel aufgebaut
wird, plötzlich auf einen benannten Begriff stößt, der zu
dem zusammengestellten Bündel paßt.

Dingsbums

Die Liste der Bedingungen ist in Wirklichkeit das Begriffsbündel, das dem bis jetzt noch nicht gefundenen benannten Begriff zugrunde liegt. Statt zu sagen: »Das, was wir
suchen«, kann man das sehr viel bequemere Wort Dingsbums gebrauchen. *Dingsbums* ist ein vorläufig benanntes
Wort, das das Bündel der Bedingungen umfaßt. So könnte
man sagen: »Das Dingsbums muß schnell, leise und völlig
innerhalb des Zylinders wirken.«

Im Fall des schwarzen Zylinders könnte man zwar die
ganze Zeit das Wort »Mechanismus« gebrauchen, aber in
anderen Situation wäre »Dingsbums« vielleicht praktischer: »Das Dingsbums kam gestern morgen zwischen
sechs und acht Uhr an, und zwar vermutlich per Auto.« (So
vielleicht ein Detektiv, der einen Fall erörtert.)

Abwandlung

Es wäre ungewöhnlich, wenn alle Bedingungen gleich zu
Anfang aufgeführt würden. Meist beginnt man mit einigen,
gelangt zu einem benannten Begriff, fügt dann weitere
Bedingungen hinzu, um den benannten Begriff abzuwan-
deln, und kommt so zu einem anderen.

Die Reihenfolge könnte etwa so sein:

»Der Zylinder wurde umgeworfen durch etwas, das sich drinnen von selbst bewegte.«

»Ein Tier.«

»Ein kleines Tier, das in den Zylinder paßt.«

»Eine Maus.«

»Eine Maus, die in einer voraussagbaren Weise wirksam wurde.«

»Eine Aufziehmaus.«

»Eine Aufziehmaus, die in den oberen Teil des Zylinders gelangen kann.«

»Eine Aufziehmaus mit Saugnäpfen an den Pfoten.«

»Kein Geräusch war zu hören.«

»Eine geräuschlose Aufziehmaus mit Saugnäpfen an den Pfoten.«

Benannte Begriffe und Handeln

Beim Verstehen werden Begriffsbündel zusammengefügt, und das ist ein Schritt auf dem Weg, um benannte Begriffe zu finden. Man handelt nur in Übereinstimmung mit benannten Begriffen. Das liegt daran, daß benannte Begriffe bekannte Situationen sind, so daß die richtige Reaktion auch bekannt ist. Begriffsbündel sind vorläufige Zusammenstellungen von Begriffen, auf die es noch keine endgültige Reaktion gibt. Ein Mann kommt in einen Raum, und man sieht, daß er »etwas Glänzendes, ziemlich Langes horizontal hält«. Das ist ein Begriffsbündel, auf das es keine unmittelbare Reaktion gibt. Aber wenn sich das Begriffsbündel in den benannten Begriff »Gewehr« verwandelt, dann geht man sofort in Deckung.

Man strebt nach benannten Begriffen, weil sie auf das hinweisen, was getan werden muß, und weil sie auch tatsächlich vorhandene Dinge sind. Ein Begriffsbündel könnte besagen: »Ein Gewicht, das sich langsam von einem Behälter in einen anderen verlagert.« Aber Sie können nicht losgehen und ein solches Ding kaufen. Wenn Sie indes zu dem benannten Begriff »Eieruhr« gelangen, dann können Sie sich tatsächlich eine besorgen.

In der Falle
Benannte Begriffe sind fixierte und permanente Begriffssammlungen. Wie oben erwähnt, ist es das Ziel, die benannten Begriffe möglichst rasch zu finden. Dabei besteht aber die Gefahr, daß die fixierte Starrheit eines benannten Begriffs wie eine Falle wirkt. Wenn man von dem Begriffsbündel »ein Gewicht, das sich langsam von einem Behälter in einen anderen verlagert« automatisch zu dem benannten Begriff »Eieruhr« gelangt, besteht die Gefahr, daß man in der Falle sitzt und nicht weiterzugehen vermag, um Dinge in Erwägung zu ziehen wie etwa Wasser, das von einem Behälter in einen anderen fließt, oder ein Gewicht, das durch einen elektrischen Motor bewegt wird. Ebenso ist es, wenn man das Verhalten einer Regierung betrachtet und rasch den benannten Begriff »faschistisch« auf sie anwendet; dann kann man in diesem Begriff ebenso befangen sein wie ein Arbeitgeber, der jeden Streik als »kommunistisch« abqualifiziert.

Begriffsvorrat
Man kann nur diejenigen benannten Begriffe anwenden, die man in seinem Begriffsvorrat hat. Wenn dort wenig Begriffe vorhanden sind, werden schließlich alle möglichen Situationen im Sinne dieser wenigen Begriffe interpretiert. In irgendeinem Stadium des Verstehens muß man bei benannten Begriffen ankommen. Je weniger Begriffe vorhanden sind, um so geringer wird das Verständnis für eine Situation sein, die nicht genau auf einen der vorhandenen Begriffe paßt. Bei dem Zylinderexperiment würde jemand,

der sich unter zeitlichen Regelvorrichtungen nur Uhren vorstellen kann, keine der Erklärungen anwenden können, bei denen so langsame Prozesse wie das Schmelzen von Eis oder das Tropfen von Wasser aus einem Behälter in einen anderen in Frage kommen. Ebenso würde jemand, der sich bei der Arbeit nur die beiden Verhaltensweisen »faul« und »fleißig« vorstellen kann, nicht einzusehen vermögen, daß jemand faul zu sein scheint, wenn er an einer Aufgabe nicht interessiert ist, aber fleißig sein könnte, wenn ihm die Aufgabe Spaß macht. Um das erkennen zu können, müßte man über den dritten Begriff »nicht motiviert« verfügen.

Die Begriffstypen, die zusammen Begriffsvorräte bilden, lassen sich in drei Rubriken unterteilen:

1. Genau benannte Begriffe

Dazu gehören klar umrissene Gegenstände (Hund, Pferd, Bombe), klar umrissene Schlagwörter (Demokratie, Arbeitgeber, progressiv, reaktionär, totalitär), klar umrissenes Verhalten (Liebe, Gerechtigkeit, Erfindungsgabe) usw.

2. Ungenau benannte Begriffe (Breiwörter)

Dazu gehören Wörter wie: Mechanismus, Vorrichtung, Anordnung, Apparat, Dingsbums, etwas, irgendwie usw.

3. Benannte Wechselbeziehungsbegriffe

Diese Begriffe beziehen sich auf Prozesse, Verhältnisse und Wechselbeziehungen. Derartige Begriffe werden angewandt, um andere Begriffe zusammenzubringen und zu zeigen, wie sie untereinander zusammenhängen. Es sind Funktionswörter. Beispiele für Wechselbeziehungsbegriffe sind: gegenüberstellen, kombinieren, abwandeln, vergrößern, verursachen, sich entwickeln zu usw.

Es sind die ungenauen Begriffe und die Wechselbeziehungsbegriffe, die verwendet werden, um Begriffsbündel zu bilden. Je mehr Begriffe man in diesen Kategorien hat, desto besser vermag man Begriffsbündel zusammenzustellen, die genau auf eine Situation passen. Ebenso, wie ein Maler verschiedene Pinsel und Farben verwendet, um eine Szene einzufangen, so vermag man Situationen um so besser zu verstehen, je mehr Begriffe zur Verfügung stehen. Dennoch muß man zuletzt von Begriffsbündeln zu benannten Begriffen übergehen. Und solange man nicht neue benannte Begriffe entwickeln kann, die die neuen Begriffsbündel einschließen, muß man die alten Begriffsvorräte verwenden, gleichgültig, mit wieviel Einfühlungsvermögen ein neues Begriffsbündel auch aufgebaut worden sein mag.

Dritte und vierte Stufe des Verstehens

Begriffsbündel entsprechen gewöhnlich der vierten Stufe (B 4), die beschreibt, »wie etwas funktioniert«. Zu dieser Beschreibung gehören mehrere Begriffe sowie die Art und Weise, wie sie aufeinander wirken. Tatsächlich könnte man sagen, die ganze Beschreibung bildet ein Begriffsbündel. Benannte Begriffe entsprechen dagegen der dritten Stufe: Benennung. Hier wird festgestellt, daß der Vorgang derselbe ist wie irgendein genau bekannter Vorgang, es werden benannte Begriffe wie Elektrizität, Magie, Magnete usw. verwendet. Wie wir im vorigen Kapitel gesehen haben, bestand eine Erklärung für das Umfallen des schwarzen Zylinders oft einzig und allein aus einem benannten Begriff wie Elektrizität oder Schwerkraft.

Präzise Prinzipien und ungenaue allgemeine Begriffe

Präzise Prinzipien und ungenaue allgemeine Begriffe liegen jeweils an den Extremen auf der Skala des Verstehens. Deshalb überrascht es, daß es unmöglich sein kann, die beiden Extreme voneinander zu unterscheiden.

Ein ungenauer allgemeiner Begriff gehört zur zweiten Stufe des Verstehens (Breiwörter). Beispiel: »Ein Mechanismus, der den Zylinder aus dem Gleichgewicht bringt.« Ein präzises Prinzip wird aufgestellt, wenn man auf der ganz ausführlichen fünften Stufe mehrere mögliche Erklärungen durchgearbeitet und aus ihnen allen ein Grundprinzip *abgeleitet* hat. So könnte ein präzises Prinzip von jemandem angewandt werden, dem die sämtlichen folgenden Erklärungen einfallen: ein Stück Eis unter einer Seite der Zylinderbasis; Trockeneis; durch ein kleines Loch entweicht Luft aus einer Kammer; eine aus langsam schmelzendem Wachs bestehende Kante; eine durch einen Elektromotor hochgezogene Kante; ein Stift, der durch die Basis dringt.

Das Prinzip für alle diese Möglichkeiten könnte sein: »Die Basis des Zylinders verändert sich und bewirkt damit, daß der Zylinder umfällt.«

Weil er an alle diese Mechanismen denken *konnte,* beschloß der Mann des präzisen Prinzips, seine Erklärung so zu formulieren. Doch aus seiner Formulierung könnte man schließen, er habe so allgemeine Ausdrücke wie »Veränderung an der Basis« gebraucht, weil er sich einen bestimmten Mechanismus gerade *nicht* ausdenken *konnte.*

Unwissenheit oder Wissen
Hat derjenige, der »zeitliche Regelvorrichtung« angibt, dies geschrieben, weil ihm kein bestimmter benannter Begriff eingefallen ist? Oder schreibt er das, weil ihm so viele benannte Begriffe einfallen (Eieruhr, Uhr, durch eine dünne Röhre fließendes Wasser), daß er sie alle erfassen möchte, ohne durch die Entscheidung für einen bestimmten in eine Falle zu geraten?

Aus der Aussage selbst geht das nicht hervor. So haben wir hier die ungewöhnliche Situation, daß ein ungenauer allgemeiner Begriff sich nicht von einem präzisen Prinzip unterscheiden läßt.

Das bedeutet, daß eine Aussage vom Typ B 2: Breiwörter sich nicht unterscheiden läßt von dem, was eigentlich eine Aussage vom Typ B 5: Begreifen aller Details ist.

Soweit andere Menschen in Frage kommen, mag es also sein, daß eine Aussage auf Grund eines präzisen Prinzips nicht brauchbarer ist als ein ungenauer allgemeiner Begriff. Umgekehrt würde ein ungenauer allgemeiner Begriff ebenso brauchbar erscheinen wie ein präzises Prinzip. In Wirklichkeit besteht der Unterschied darin, daß der Mann des präzisen Prinzips weiß, daß seine Erklärung richtig ist, und auf Wunsch Einzelheiten angeben könnte, während der Mann des ungenauen allgemeinen Begriffs keine exakte Erklärung zur Hand hat.

Doch wenn der ungenaue Begriff allgemein genug ist (z. B. ein Mechanismus, der den Zylinder zum Umfallen bringt), dann ist es sehr wahrscheinlich, daß die richtige Erklärung darin enthalten ist.

Es ist kein Wunder, daß die Menschen seit eh und je allgemeine Aussagen (auf Grund von Unwissenheit) nicht von präzisen Prinzipien (auf Grund von Wissen) zu unterscheiden vermochten. Politiker und andere Führer würden es wahrscheinlich schwer haben, wenn eine solche Unterscheidung möglich wäre. Wenn zum Beispiel ein Führer seinem Volk dringend einen Krieg empfahl, dann konnte das Volk nicht wissen, ob das eine klar umrissene Strategie war, zu der er nach sorgfältiger Erwägung vieler Alternativen gelangt war, oder ein ungenauer allgemeiner Begriff, der auf seine Unfähigkeit zurückging, sich eine angemessenere Strategie auszudenken. Ebenso schwer zu sagen ist, ob ein politisches Programm, das eine neue Einkommenspolitik fordert, auf gründlicher Kenntnis der Lage auf dem Arbeitsmarkt beruht oder auf Unkenntnis.

- Bei der wissenschaftlichen Analyse gibt es viele Daten und wenig Taten, während es beim gewöhnlichen Denken viel Taten, aber wenig Daten gibt.
- Die wissenschaftliche Forschung kann sich auf ein winzig kleines Gebiet konzentrieren, aber das gewöhnliche Denken muß mit einer Vielzahl von Situationen fertig werden, die man sich nicht aussucht, sondern vor die man gestellt wird.
- Sobald eine Erklärung einem ermöglicht, etwas im Hinblick auf eine Situation zu tun, ist sie ausführlich genug.
- Wenn Sie sich für ein geeignetes Tun entscheiden müssen, ist es besser, es auf eine allgemeine Erklärung abzustimmen, die wahrscheinlich nicht falsch ist, als auf eine detaillierte Erklärung, die sehr wohl auch falsch sein könnte.
- »Dingsbums« ist ein vorläufig benanntes Wort, das das Bündel der Bedingungen umfaßt.
- Man handelt nur in Übereinstimmung mit benannten Begriffen.

5. DIE GRUNDLEGENDEN DENKPROZESSE

Das ganze Geschäft des Denkens erscheint entsetzlich komplizierte Prozesse mit sich zu bringen. Doch selbst die kompliziertesten Prozesse können auf sehr einfachen Schritten beruhen. Zum Beispiel befassen sich Computer mit der hochkomplizierten Mathematik, die es dem Menschen möglich macht, zum Mond zu fliegen und auf ihm umherzuwandern. Dennoch beruht die ganze Kompliziertheit des Computers auf einem Schalter, der so einfach ist, daß er nur Ja oder Nein zu sagen vermag. Das Schloß von Versailles wurde erbaut, indem ein Stein auf den anderen gelegt wurde. Die ungeheure Kompliziertheit des menschlichen Organismus beruht auf recht einfachen chemischen Reaktionen. Auf dieselbe Weise läßt sich erkennen, daß sich das komplizierte Geschäft des Denkens aus zwei grundlegenden Prozessen ergibt: »Weitermachen« und »Verbinden«. Diese beiden einfachen Prozesse ergeben sich unmittelbar aus dem Verhalten des Gehirns. Das Gehirn kann als ein mit Erinnerung durchtränktes Nervensystem angesehen werden, das die über die Oberfläche huschenden Aktivitätsmuster steuert. Das System ist erstaunlich einfach, doch ebenso wie ein Computer zu einem komplizierten und geistig differenzierten Verhalten imstande.

Weitermachen

»Weitermachen« bedeutet einfach in Gang bleiben. Wenn Sie eine Straße entlanggehen, bedeutet »Weitermachen« einfach, daß Sie auf derselben Straße weitergehen. Wenn Sie das Alphabet aufsagen und bis F gekommen sind, bedeutet Weitermachen, daß Sie mit G, H, I usw. fortfahren. Wenn Sie ein Lied zur Hälfte gesungen haben, bedeutet Weitermachen, es zu Ende zu singen. Wenn Sie einen Menschen beschreiben, fangen Sie vielleicht mit seinem roten Haar und seinen blauen Augen an, dann machen Sie weiter und erwähnen seine lange Nase und die Segelohren. Weitermachen bedeutet, daß man zu Ende führt, was man angefangen hat. Doch muß etwas dasein, mit dem man weitermachen kann. Es muß etwas dasein, das man kennt: eine Straße, ein Alphabet, ein Lied oder ein Mensch. Beim Denken ist dieses »etwas« ein Erinnerungsmuster. Sobald man einmal mit diesem Muster anfängt, macht man bis zum Ende weiter. Das Erinnerungsmuster ist eigentlich eine Folge von Gedanken, die hintereinander kommen. So könnte jemand bei dem Zylinderexperiment von dem Begriff Eieruhr bis zu dem Begriff Uhr weitermachen. Oder von dem Begriff Maus bis zu der Vorstellung von einer Maus, die ein paar Stufen hinaufhuscht, um sich Käse zu holen. Weitermachen ist ein sehr einfacher Prozeß, der sich bei jedem Erinnerungssystem abspielt und gewiß nicht auf das menschliche Denken allein beschränkt ist. Es bedeutet einfach, daß ein Gedanke einem anderen folgt.

Verbinden

Weitermachen heißt, von einem Gedanken zum nächsten, der einem gerade kommt, weiterzugehen. »Verbinden« bedeutet, daß man mit zwei getrennten Gedanken beginnt und eine Möglichkeit sucht, sie zu verbinden. »Verbinden« könnte also auch heißen: »Verketten«, »Ausfüllen«, »Lücke schließen« usw. Ein zerbrochenes Goldfischbassin und Pfotenspuren auf dem Teppich könnten zum Beispiel durch den Begriff »Katze« verbunden werden. Sie fahren geradeaus, und plötzlich beginnt der Wagen nach rechts zu ziehen. Sie verbinden das normale Verhalten des Wagens mit diesem neuen Verhalten durch den Begriff »Plattfuß«.

Oft geht das Verbinden so glatt vonstatten, daß man sich der vorhanden gewesenen Lücke gar nicht bewußt wird. Humor veranschaulicht diesen Verbindungsprozeß sehr deutlich. Erst wenn man die Dinge miteinander verbunden hat, begreift man den Witz.

Der Ire trug eine rote und eine grüne Socke. »Ihre Socken sind wirklich einmalig«, sagte der Engländer.

»Von wegen – zu Hause habe ich noch genauso ein Paar.«

Wie bricht man einem Neufundländer die Finger? Antwort: Indem man ihm auf die Nase boxt.

Bei der ersten Geschichte ist die Verbindung sehr leicht herzustellen. Sobald sie hergestellt ist, verbindet sich die Geschichte als Ganzes mit dem traditionellen Vorurteil über Scharfsinn und Schrulligkeit der Iren. Es ist also ein doppelter Verbindungsprozeß.

Bei der zweiten Geschichte ist es viel schwieriger, den Witz zu begreifen. Das liegt daran, daß man den Zusammenhang zwischen einem Schlag auf die Nase und gebrochenen Fingern nicht leicht erkennt. Auch weiß man nichts von der herkömmlichen Einstellung mancher Kanadier gegenüber den Neufundländern. Der springende Punkt ist nämlich, daß Neufundländer angeblich immer in der Nase bohren. Mit dem Witz klappt es nicht, weil die erste Lücke zu groß und die zweite gar nicht da ist, sofern man nicht zufällig Kanadier ist.

Bewegung

Wie oben erwähnt, handelt es sich beim Denken einfach um die Bewegung von einem Gedanken zum anderen. Bei dem Prozeß des Weitermachens geschieht diese Bewegung ganz natürlich, da sich ein Gedanke aus dem anderen ergibt. Die Bewegung geschieht, weil die Gedanken durch frühere Erfahrungen schon in einer Art Kette angeordnet wurden. Sie wissen, daß die Schritte auf dem Flur die des Chefs sind, denn das hat die Erfahrung Sie gelehrt – so gehen Sie von dem Geräusch der Schritte weiter zu dem Gedanken, daß der Chef hereinkommen wird, um zu sehen, was Sie treiben. Bei dem Prozeß des Weitermachens ist die Bewegung also natürlich, und in einer Beziehung ist man ein Sklave seiner früheren Erfahrungen.

Bei dem Prozeß des Verbindens kann man Bewegung bewußt herbeiführen, indem man zwei Gedanken aufwirft und dann versucht, sie zu verbinden. Gewöhnlich handelt es sich nicht darum, zwei Gedanken aufzuwerfen, sondern einen Gedanken aufzuwerfen, der mit der gegenwärtigen Lage der Dinge zu verbinden ist. Wenn ich zum Beispiel in Cambridge bin und den Gedanken »London« aufwerfe, dann ist die Verbindung: »Wie komme ich da hin? – Mit dem Zug.«

Auf sehr einfache Weise läßt sich dieser Verbindungsprozeß aufzeigen, wenn man ein Zufallswort aus einem Lexikon heraussucht und dann versucht, es mit dem gerade anstehenden Problem zu verbinden. (Dieses Verfahren ist in meinem Buch ›Laterales Denken‹ ausführlich beschrieben.) Auf den ersten Blick mag es einem unwahrscheinlich vorkommen, daß ein Zufallswort sich mit einem bestimmten Problem verbinden läßt. Doch tatsächlich erweist es sich oft als so einfach, daß die Hörer, wenn es bei einem Vortrag gemacht wird, glauben, das Wort und das Problem seien schon im voraus bewußt gewählt worden.

Problem: Verkehrsstockungen in Städten.

Zufallswort: Seife.

Verbinden:

1. Seife ist glitschig ... den Verkehrsstrom in den Straßen gleitend machen ... Parkverbot auf der Fahrbahn überall einführen, Bushaltestellen, Verkehrsampeln beseitigen ... es möglich machen, daß man in den Städten

zwar leicht fahren, aber sonst nicht viel tun kann...
Halten nur in besonderen Haltezonen erlaubt.

2. Seife wird verwendet, um Schmutz zu entfernen...
»schmutzige« (d. h. verkehrsintensive, luftverschmut-
zende) Gebiete von Wohngebieten trennen.

3. Seife verbraucht sich allmählich, je mehr sie benutzt
wird... ein System haben, bei dem stark benutzte Straßen sich verbrauchen... und entweder breiter und leichter benutzbar werden... oder holpriger und schwerer
befahrbar... ein sich selbst regelndes System ersinnen,
bei dem je nach Verkehrslage der Grad der Verkehrs-
dichte gesteigert oder gesenkt wird.

Probleme und Fragen

Das Mißliche bei dem Prozeß des Weitermachens ist, daß
die Bewegung Sie nicht dorthin bringt, wo Sie hinwollen.
Sie werden passiv zu den von der Erfahrung festgelegten
Mustern »hingebracht«. Doch mit dem Verbindungsprozeß können Sie dorthin gelangen, wohin Sie wollen. Wenn
Sie wissen, wohin Sie wollen, dann nennen Sie das »Ziel«
und verbinden Ihren Ausgangspunkt mit diesem Ziel. Es
ist, wie wenn Sie sich eine Straßenkarte ansehen und die
Route von Ihrem Standort zu Ihrem Ziel finden.

Beim Problemlösen ist das Aufwerfen des Problems
lediglich die Beschreibung Ihres gewünschten Ziels. »Keine
Verkehrsstockung in Städten«, »ein Mechanismus, der den
schwarzen Zylinder umfallen läßt«, »Hosen ohne Tinten-
klecks« sind sämtlich Ziele. Die Probleme würden so gestellt: »Städtische Straßenverstopfung beseitigen«, »erklären, wie der schwarze Zylinder umfiel«, »einen Tintenfleck
aus einer Hose entfernen«.

Natürlich können alle diese Probleme auch als Fragen
formuliert werden: »Wie entferne ich diesen Tintenfleck
aus der Hose?« – »Warum fällt der schwarze Zylinder um?«

Eigentlich will man mit der Frage wissen: »Wie komme ich zu dieser Erklärung?« oder: »Zeig mir den Weg, wie ich zu dieser Erklärung kommen kann.« Das ist nur eine andere Ausdrucksweise für: »Das, was ich schon weiß, mit dem verbinden, was ich wissen will.«

Sprung nach vorn

Dieser Trick, mit einer Frage vorzustoßen und dann die Verbindung herzustellen, ändert das Denken vollkommen, denn er gibt eine Richtung an. Durch das Stellen von Fragen kann man dorthin gelangen, wohin man möchte, statt nur zu Mustern gebracht zu werden, die die Erfahrung gebildet hat. Um dieses Verfahren anzuwenden, muß man allerdings imstande sein, das andere Ende der Lücke sichtbar zu machen. Das andere Ende der Lücke sichtbar machen heißt die Frage stellen. Es heißt auch, sich über das Ziel klar werden, zu dem man gelangen möchte.

Bekannte und unbekannte Ziele

Wenn Sie wissen, wohin Sie wollen, ist es einfach, dorthin zu kommen. Faszinierend ist, daß das Ziel (die Frage, das andere Ende der Lücke) tatsächlich durch einen Prozeß des Weitermachens sichtbar wird. Zum Beispiel: »Ich brauche einen neuen Anzug, und meine Anzüge werden von einem Schneider in London gemacht – wie komme ich von hier nach London?« Oder: »Ich soll erklären, wie der schwarze Zylinder umfiel – wie fiel der schwarze Zylinder um?«

Schwierig wird es, wenn Sie eigentlich nicht wissen, wohin Sie gehen wollen. »Wie komme ich nach London?« ist etwas ganz anderes als: »Wie komme ich irgendwohin, wo die Sonne scheint?« Wie kann man das andere Ende der Lücke festlegen, wenn man es nicht spezifizieren kann? Die Lösung sind die Breiwörter, auf die wir schon einmal gestoßen sind.

Breiwörter

Diese sehr nützlichen, bedeutungslosen Wörter machen es möglich, eine Frage auf unklare Weise zu stellen. Das bedeutet, daß man auch Fragen stellen kann, wenn man kein bestimmtes Ziel hat. In dem oben angeführten Beispiel: »Wie komme ich irgendwohin, wo die Sonne scheint?« ermöglicht das Breiwort »irgendwohin«, eine Frage zu stellen, die viel weniger genau ist als »Wie komme ich nach Mallorca?«. Auf dieselbe Weise kann man fragen: »Was für ein Mechanismus läßt den schwarzen Zylinder umfallen?«

Einige nützliche Breiwörter sind:

Vorrichtung

Ding

Anordnung

Apparat

etwas

Gegenstand

irgendwo

Dingsbums (vgl. Seite 56)

Die Aussage: »Das Dingsbums saust durch die Luft und hat fünf Beine« ist genau dasselbe, wie wenn man sagt: *»Das Ding, das wir suchen,* saust durch die Luft und hat fünf Beine.« Das Wort Dingsbums kann auch als Erklärung verwendet werden: »Er ging plötzlich weg, denn das Dingsbums mußte eingetroffen sein«, was dasselbe ist, wie wenn man sagt: »Er ging plötzlich weg, denn *das Ding, das wir suchen,* mußte eingetroffen sein.«

Auch das Breiwort »Mechanismus« kann so unterschiedlich verwendet werden:

»Was für ein Mechanismus läßt den schwarzen Zylinder umfallen?« (Frage)

»Der Zylinder fiel um durch einen Mechanismus im Inneren.« (Erklärung vom Typ B 2)

»Sie knipsen den Schalter an, dadurch wird ein Zeitzünder in Gang gesetzt, der den Zylinder schließlich umwirft.« (Schwarzer Kasten)

Breiwörter wie Schwarze Kästen sind Unwissenheitswerkzeuge. Ebenso, wie Schwarze Kästen es uns ermöglichen, einen Mechanismus zu verwenden, ohne überhaupt zu wissen, wie er funktioniert, so ermöglichen uns Breiwörter, klare Aussagen zu machen oder klare Fragen zu stellen, wenn wir eigentlich nicht wissen, wovon wir reden. Diese ungenauen, verschwommenen Breiwörter spielen eine außerordentlich wichtige Rolle beim Denken.

Der Mensch ist dümmer als Tiere

Vielleicht ist der Mensch nur deshalb gescheiter als Tiere, weil er dümmer ist. Paradoxerweise kann der Mensch in seinem Denken nur deshalb viel weiter gehen als Tiere, weil sein grundlegender Denkprozeß weniger genau ist.

Das kurzsichtige Huhn

Es scheint auf der Hand zu liegen, daß ein Huhn mit guten Augen besser dran sein muß als ein kurzsichtiges Huhn, denn gut sehen ist besser als schlecht sehen. Aber es braucht nicht immer so zu sein. Körner werden hinter ein Drahtgitter gelegt, und ein Huhn wird vor das Gitter gesetzt. Das Huhn mit den guten Augen sieht das Korn sofort und geht direkt darauf zu. Das Huhn wird durch das Gitter aufgehalten, doch der Anblick des Korns ist so verlockend, daß der Vogel immer wieder versucht, durch das Gitter zu gelangen.

Ein andermal wird ein kurzsichtiges Huhn vor das Drahtgitter gesetzt. Es ist so kurzsichtig, daß es das Korn nicht sehen kann, und deshalb wandert es ein wenig umher, bis es schließlich zufällig auf das Korn stößt und es auffrißt. In dieser Geschichte wird das Huhn mit den guten Augen

71

durch seinen tadellosen Gesichtssinn auf ein augenfällig vorgezeichnetes Vorgehen festgelegt. Das schlechte Sehvermögen des kurzsichtigen Huhns verhindert diese unmittelbare Festlegung und ermöglicht es, daß sich die Dinge schrittweise entwickeln.

Hund mit Schnupfen

Im Schuppen stehen lauter Töpfe und Pfannen. Ein Hund mit feiner Spürnase wird in den Schuppen gebracht. Sofort erschnüffelt er einen Teller mit Fleisch und macht sich unverzüglich darüber her.

Ein andermal wird ein Hund, der Schnupfen hat, in den Schuppen gebracht. Er kann schlecht riechen und läuft lange hin und her, schnüffelt überall herum und stößt die Deckel von den Pfannen auf der Suche nach dem Fleisch, das er nur *undeutlich* riechen kann. Schließlich findet er es.

Dann wird eines Tages der Hund mit der guten Nase in den Schuppen eingeschlossen. Diesmal hat er keinen Hunger und will hinaus. Es dauert ziemlich lange, bis er ein Loch entdeckt, durch das er schlüpfen kann. Der Hund mit Schnupfen findet das Loch hingegen sofort, denn bei seinem ersten Aufenthalt im Schuppen hat er während seiner Fleischsuche das Loch gesehen und sich gemerkt, wo es war.

Ebenso wie das Huhn mit den scharfen Augen war der Hund mit dem scharfen Riecher zuerst gut dran, weil er sich sofort festlegen konnte, aber zu guter Letzt im Nachteil.

Kohlköpfe und Könige

Sehr scharfe Sinnesorgane und ein scharfer Verstand, die die Dinge sehr klar unterscheiden können, mögen sehr vorteilhaft erscheinen, doch können sie sich auch als ein Nachteil erweisen wie bei dem »adleräugigen« Huhn und dem Hund mit der guten Nase. Gutes Unterscheidungsvermögen bedeutet, daß man die Dinge rasch und deutlich wiedererkennt. Es gibt kein Herumsuchen. Die besondere Situation (Korn oder Fleisch) wird sofort erkannt, die Reaktion darauf erfolgt unverzüglich und zweckentsprechend. Das Tun folgt direkt auf das Erkennen. Je genauer das Erkennen, um so schneller kann die Tat folgen. Man sieht, daß sich Kohlköpfe von Königen unterscheiden. Man reagiert auf Kohlköpfe anders als auf Könige (vgl. Seite 75).

Das ist alles gut und schön für einen scharfen Verstand, aber der Verstand mit einem recht armseligen Unterscheidungsvermögen sieht alles ganz verschwommen. Kohlköpfe unterscheiden sich nicht von Königen. Beide sind große »verschwommene« Gegenstände, und man reagiert auf beide auf dieselbe Weise. Kohlköpfe und Könige werden nicht unterschieden, sondern unter dem ungenauen Begriff »Klumpdinger« zusammengefaßt. Wenn der unklare Verstand viele Erfahrungen gesammelt hat, kann er später zwischen Kohlköpfen und Königen unterscheiden und sie richtig benennen. Aber der ungenaue Ausdruck »Klumpdinger« ist noch vorhanden und schließt sie beide ein – zusätzlich zu ihren richtigen Namen.

In einem unklaren Verstand entstehen zuerst große, ungenaue Klassifikationen, die erst später in spezifische Dinge zerlegt werden. Weil das Unterscheidungsvermögen so schlecht ist, kann überdies derselbe Gegenstand bei einer anderen Gelegenheit in einer anderen Rubrik erscheinen. Zum Beispiel können Kohlköpfe und Könige einmal als »Klumpdinger« angesehen werden. Ein andermal kann es sein, daß der König zusammen mit einem Känguruh als »Hüpfding« erfaßt wird, ohne daß der Verstand merkt, daß der König in beiden Fällen derselbe König ist. Später erkennt auch der unklare Verstand, daß Känguruhs Schwänze und Könige Kronen haben und Kohlköpfe grün sind, und so werden sie alle eingeordnet. Doch die ungenaue Klassifikation (Klumpding, Hüpfding) bleibt.

Querverbindungen

Die ungenaue allgemeinen Klassifikation (Klumpdinger und Hüpfdinger) sind natürlich die mittlerweile vertrauten Breiwörter. Diese ungenauen allgemeine Klassifikationen haben die unerhört nützliche Funktion, daß sie Querverbindungen herstellen und dem Verstand dadurch ermöglichen, von einem Gedanken zu einem anderen zu wandern. Der scharfe Verstand unterscheidet Kohlköpfe sofort von Königen und stellt gar keine Verbindung zwischen den beiden her. Es wird eine korrekte Reaktion auf die Königssituation und eine andere, ebenso korrekte Reaktion auf die Kohlkopfsituation festgelegt. Es gibt keine Möglichkeit, von der einen zur anderen zu gelangen. Auch gibt es keine Möglichkeit, der korrekten Reaktion zu entrinnen, sobald sie einmal festgelegt ist. Verneigen vor dem König, Abschneiden des Kohlkopfs. Doch bei dem unklaren Verstand gibt es insofern diese Querverbindung, als Kohlköpfe und Könige ursprünglich (ehe man es besser wußte) beide als Klumpdinger angesehen wurden. So kann man mit Hilfe dieser Querverbindung von einem Gedanken zum anderen gelangen. Der scharfe Verstand legt eine Reihe von Parallelbahnen an, da jede bestimmte Situation eine bestimmte Reaktion verlangt. Doch der unklare Verstand hat alle möglichen Querverbindungen, die durch die unklaren Breiwörter gebildet werden. Das bedeutet, daß der scharfe Verstand nur auf starre Weise zu reagieren vermag, während der unklare Verstand viel »denken« kann, wenn er von einem Gedanken zu einem anderen wandert (z. B.: da Kohlköpfe und Könige beide Klumpdinger sind, warum nicht den Kopf eines Königs abschneiden?).

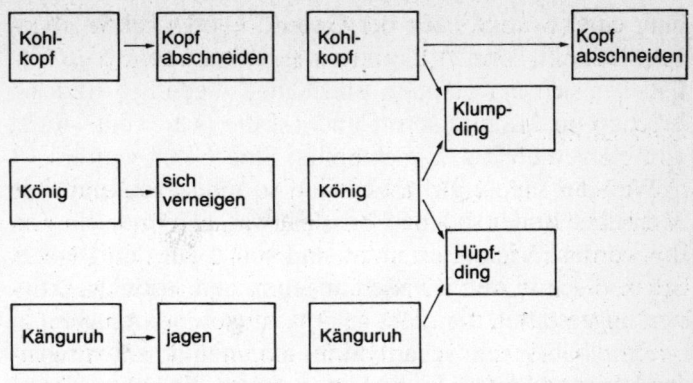

Richtige Philosophen rühmen immer die fabelhafte Fähigkeit des menschlichen Verstandes, zu abstrahieren. Das bedeutet, daß der Verstand ein Merkmal herauszugreifen vermag, das einer Reihe verschiedener Gegenstände gemein ist. Dieses gemeinsame Merkmal bekommt einen hübschen Namen und wird ein abstrakter Begriff (z. B. Klumpigkeit, Hüpfigkeit). Die Abstraktionsleistung läßt den Verstand so fabelhaft wirken. Aber manchmal scheint es gerade umgekehrt zu sein. Statt scharf genug zu sein, um zu abstrahieren, ist der Verstand so unklar, daß er nur mit Breibegriffen beginnen kann. Sie werden dann später in spezifische Dinge zerlegt. Es kann also sein, daß Abstraktionen nicht fabelhaft abstrahiert werden, sondern daß die Abstraktionen zuerst als Breiwörter auftauchen und dann später zerlegt werden.

Sobald ein Baby lernt »Mama« zu sagen, ist offensichtlich, daß jeder sich bewegende Gegenstand »Mama« ist. Später beschränkt sich das auf jeden Menschen. Im nächsten Stadium wird »Mama« nur auf Frauen angewandt. Zu guter Letzt bezeichnet es die eine, wirkliche Mutter. Dieser verschwommene Prozeß dauert ziemlich lange. Tiere hingegen erkennen ihre Eltern auf untrügliche Weise innerhalb einer Stunde nach der Geburt. Dieses Erkennen ist kein Instinkt, sondern Lernen, wie Konrad Lorenz gezeigt hat, der sich auf Händen und Knien niederließ und ein bißchen quakte und sofort und auf die Dauer die Mutter von einigen eben ausgeschlüpften Stockenten wurde.

Weil der menschliche Verstand so unklar ist, brauchen Menschenkinder so lange, bis sie erwachsen und selbständig werden. Viele Tierkinder sind sofort auf den Beinen. Sie sind schon mit gewissen angeborenen Instinktreaktionen ausgestattet, die nicht gelernt zu werden brauchen.

Tiere haben sehr scharfe Sinnesorgane und einen scharfen Verstand, der sie in die Lage versetzt, die Dinge klar zu unterscheiden und daher sehr schnell zu lernen. Schnelles Lernen beruht auf einem guten Unterscheidungsvermögen. Nur Verschwommenheit und Verwirrung verlangsamen das Lernen. So kommt es zu der seltsamen Situation, daß der Mensch besser zu denken vermag als Tiere, weil sein Verstand unklar ist, während der tierische klar ist.

Schildkröten gewinnen Wettläufe

Der Vorteil eines scharfen Verstandes liegt darin, daß man rasch reagieren kann. Ohne das unnatürliche Drahtgitter wäre das gut sehende Huhn zu dem Korn gegangen und hätte es verschluckt, ehe das kurzsichtige sich auch nur in Bewegung gesetzt hätte. Ebenso hätte der Hund mit der guten Nase das Fleisch aufgefressen, ehe der Schnupfenhund hingekommen wäre. In einer Welt des Konkurrenzkampfes ist für Lebewesen mit scharfem Verstand, die rasch handeln können, die Wahrscheinlichkeit des Überlebens größer als für Geschöpfe mit unklarem Verstand. Ebenso werden Lebewesen, die schon bei der Geburt selbständig sind, wahrscheinlich eher überleben als solche, die jahrelang hilflos sind, ehe sie sich auch nur selbst ernähren können.

Doch wenn die Lebewesen mit dem unklaren Verstand das Überleben – irgendwie – zuwege bringen, dann werden sie zu guter Letzt viel weiter kommen. Diejenigen mit dem scharfen Verstand legen ein paar prompte und wirkungsvolle Reaktionsmuster fest und sind dann in ihnen befangen. Die anderen fummeln mit Breibegriffen herum, die ihnen erlauben, bei dem sogenannten Denken von einem Begriff zu einem anderen fortzuschreiten.

Kompendium der Breiwörter

Breiwörter sind in den vorangegangenen Kapiteln verschiedentlich erwähnt worden. Es empfiehlt sich, jetzt ihre Nützlichkeit zu rekapitulieren.

Breiwörter sind ziemlich bedeutungslose Wörter. Gerade weil sie bedeutungslos sind, sind sie für das Denken so ungeheuer nützlich. Sie wirken als Wortverbindungen, die das Denken von einem Gedanken zu einem anderen fortschreiten lassen. Gäbe es keine derartigen Wörter, würde das Denken in eine Sackgasse geraten, sobald kein direkter Schritt zu einem anderen bestimmten Gedanken erkennbar ist. Sie können verschiedenen Zwecken dienen:

1. Breiwörter machen es möglich, ungenaue Fragen aufzuwerfen, wenn man nicht genug Informationen hat, um eine präzise Frage zu stellen.
2. Breiwörter bieten brauchbare Erklärungen, wenn man keine weiteren Einzelheiten liefern kann.
3. Breiwörter dienen als Querverbindungen bei dem Fortschreiten von einem Gedanken zu einem anderen.
4. Breiwörter können wie Schwarze Kästen wirken und einem ermöglichen, einen Bocksprung über ein unbekanntes Gebiet zu machen und weiterzugehen.
5. Breiwörter verhindern eine zu frühe Festlegung auf einen bestimmten Gedanken und halten somit die Entscheidung möglichst lange offen.

Das Paradoxe ist, daß Breiwörter aus Unwissenheit entstehen und dennoch äußerst nützliche, echte Denkwerkzeuge werden. Und ebenso merkwürdig ist, daß die geistige Tradition im Westen (nicht im Osten) jahrhundertelang gegen Breiwörter und für präzise Begriffe war. Die scharfsinnigen Intellektuellen haben Begriffe geprägt, die ebenso festgelegt und starr sind wie die Reaktionen der scharfsinnigen Tiere. Man macht es sich nicht oft klar, daß es die schöpferischen Menschen mit dem unklaren Verstand sind, die neue allgemeine Begriffe eingeführt und sich dann angeschickt haben, sie zu präzisieren. Der scharfe Verstand kann niemals neue Begriffe einführen, weil er nicht herumfummelt, niemals Fehler macht und in den vorhandenen Begriffen völlig befangen ist. Es ist seltsam, daß wir die scharfsinnige Haltung so fördern, während doch die Überlegenheit des menschlichen Verstandes auf der unklaren Eigenschaft beruht, die zur Kreativität beiträgt. Menschen mit scharfem Verstand sind allerdings wichtig, und zwar für die Verfeinerung, Weiterentwicklung und Auswertung der durch unklares Denken hervorgebrachten Begriffe. Und Computer sind natürlich sehr scharfsinnige Geschöpfe, die diese Arbeit für uns tun können.

- Ebenso wie Schwarze Kästen es uns ermöglichen, einen Mechanismus zu verwenden, ohne genau zu wissen, wie er funktioniert, ermöglichen uns Breiwörter, genaue Aussagen zu machen und genaue Fragen zu stellen, wenn wir eigentlich nicht wissen, wovon wir reden.
- Die Lebewesen mit dem scharfen Verstand legen ein paar prompte und wirkungsvolle Reaktionsmuster fest und sind dann in ihnen befangen.
- Man macht es sich nicht oft klar, daß es die schöpferischen Menschen mit dem unklaren Verstand sind, die

neue allgemeine Begriffe eingeführt und sich dann angeschickt haben, sie zu präzisieren.
- Der scharfe Verstand kann niemals neue Begriffe einführen, weil er nicht herumfummelt, niemals Fehler macht
und in den vorhandenen Begriffen völlig befangen ist.

6. DIE FÜNF FALSCHEN DENKMETHODEN

Einige charakteristische Fehler sind ein natürlicher Bestandteil des Denkprozesses. Diese Fehler können nicht vermieden werden, weil sie sich unmittelbar aus der Wirkungsweise des Verstandes ergeben. Ohne diese Fehler kann man ebensowenig erfolgreich denken, wie es einen Benzinmotor ohne Auspuffgase gibt. Fünf der fundamentalsten Fehler werden hier umrissen. Diese Fehler kommen so häufig vor, daß bei dem Zylinderexperiment ein einziger Fehlertyp bei 34 Prozent der genauen Erklärungen unterlief. Das ist ein überraschend hoher Prozentsatz, wenn man bedenkt, daß alle Teilnehmer an diesem Experiment hochgebildete Leute waren.

F 1   »Einbahnstraße«

»Das Kätzchen war draußen im Regen und ist pitschnaß. Ich werde es ein paar Minuten in die Wäscheschleuder setzen, denn so trocknet Mami immer die nassen Sachen.« Das sehr schwindlig gewordene Kätzchen hat diesen Einbahnfehler übrigens überlebt.

»Diese Pillen sind rot und müssen daher Bonbons sein«, sagte das Kind und führte sich eine Handvoll Eisentabletten aus der Hausapotheke zu Gemüte.

»Wilde Kaninchen schießen macht Spaß, deshalb wollen wir ein paar aus England importieren«, meinte Thomas Austin 1859 in Australien und importierte vierundzwanzig Kaninchen, die sich dann so vermehrten, daß sie Schäden im Werte von Millionen Pfund anrichteten.

Der Einbahnfehler unterläuft, wenn Sie eine einzige Spur von einem Gedanken direkt zu einem anderen verfolgen.

naß – Wäscheschleuder
rot – Bonbons
Jagd – Kaninchen

Anlehnen

Wenn man etwas an einen freistehenden Zylinder anlehnen würde, könnte man ihn umwerfen. Man schreitet also von dem Gedanken, etwas an den schwarzen Zylinder anzulehnen, direkt zu seinem Umfallen fort. Da nichts zu sehen war, das sich von außen an den Zylinder anlehnte, geht man weiter zu dem Gedanken, daß sich innen etwas an die Wand angelehnt haben müsse.

Einer Erklärung über den schwarzen Zylinder zufolge fällt eine schwere Stange, die auf ihrer Spitze balancierte, langsam durch Sirup, lehnt sich an die Seite des Zylinders und wirft ihn um (vgl. Abbildung).

Nach einer anderen Erklärung fällt eine Reihe von Stangen eine nach der anderen gegen die Zylinderwand, bis genug Gewicht dort ist, um ihn umzuwerfen (vgl. Abbildung).

Es gab noch mehrere Erklärungen dieser Art. Mit keiner von ihnen konnte es klappen. Wenn man nach der Methode »Einbahnstraße« von dem Gedanken an ein Gewicht, das sich auf der Außenseite an den Zylinder anlehnt, direkt zu einem Gewicht geht, das sich innen an den Zylinder anlehnt, dann übersieht man die Tatsache, daß ein Gewicht auf der Außenseite unabhängig von dem Zylinder ist, während ein Gewicht, das auf dem Boden des Zylinders ruht, diesen auf der Unterlage festhält und so verhindert, daß er umfällt. Ein sehr schönes Beispiel für diesen Einbahnfehler wird in der Bilderfolge gegenüber gezeigt. Ein Gegenstand von der in A dargestellten Form soll umfallen. Wenn der Gegenstand neben die Seite des Zylinders (B) gestellt wird, würde er den Zylinder umwerfen. Das würde

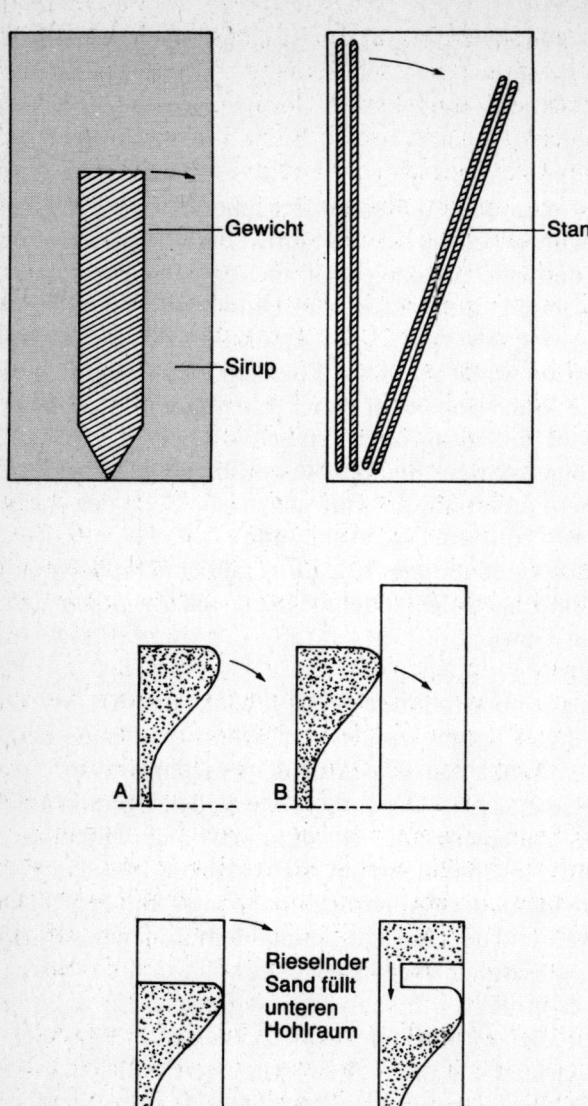

Gewicht

Sirup

Stangen

A

B

C

Rieselnder Sand füllt unteren Hohlraum

D

auch geschehen, wenn der Gegenstand in den Zylinder gestellt würde (C). Doch wenn der Zylinder erst nach einer gewissen Zeit umfallen soll, müßte der kopflastige Gegenstand erst allmählich seine Form annehmen. Nun würde eine horizontale Schicht Sand oben im Zylinder symmetrisch sein und ihn nicht umwerfen (D). Aber wenn dieser Sand herunterrieselt, um langsam die ursprüngliche Form auszufüllen, dann würde ein Zeitpunkt kommen, an dem der Zylinder umfällt. Das ist wirklich ein schönes Beispiel für einen doppelten Einbahnfehler, denn die Erklärung geht schnurstracks von einem kopflastigen Gegenstand, der sich an die Außenseite des Zylinders anlehnt, zu seinem Anlehnen an die Innenseite und dann zu der allmählichen Bildung dieses kopflastigen Gegenstandes. Selbst wenn dieser kopflastige Gegenstand den Zylinder umwerfen könnte, würde er es sofort tun, denn schon der in den oberen Teil geschüttete Sand würde den Zylinder kopflastig machen und brauchte nicht erst bis zum Boden rieseln.

Gewicht auf eine Seite

Das ist ein weiteres Beispiel für den Einbahnfehler, der bei den Erklärungen für den schwarzen Zylinder unterlief. Wenn Menschen gleichmäßig verteilt in einem kleinen Boot sitzen, ist es im Gleichgewicht, aber wenn sich alle auf einer Seite zusammendrängen, kentert es. Wenn Sie Geschirr gleichmäßig verteilt auf ein Tablett stellen, ist es im Gleichgewicht, aber wenn Sie alles auf eine Seite stellen, kippelt es leicht. Wenn Sie Bücher aufstapeln, aber immer nur auf eine Seite des Stapels legen, dann kann er einstürzen.

5,6 Prozent der Erklärungen über den schwarzen Zylinder unterstellen, der Zylinder sei umgefallen »wegen einer Gewichtsverlagerung auf eine Seite«. So zwingend ist die Vorstellung, daß eine »Gewichtsverlagerung« den Zylinder

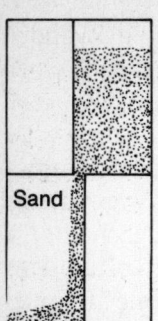 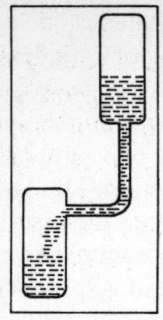 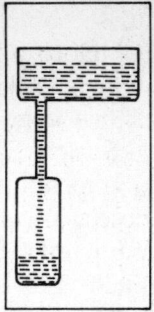 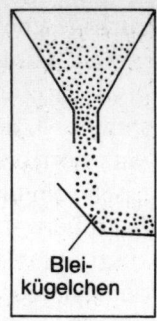

Sand

Blei-
kügelchen

umwirft, daß einige Erklärungen (wie auf der Abbildung 1)
lediglich ein Gewicht zeigen, das sich von einer Seite auf
die andere bewegt. Abbildung 2 zeigt, wie Flüssigkeit aus
einem halbvollen Tank auf der einen Seite in einen halbvollen Tank auf der anderen Seite fließt, so daß ein voller Tank
auf der einen Seite und ein leerer Tank auf der anderen die
Folge ist. Viele andere Erklärungen beginnen mit einem
gleichmäßig verteilten Gewicht, das sich dann auf die eine
Seite verlagert (wie in den Abbildungen 3 und 4 auf dieser
Seite gezeigt). Wasser, Sand und Bleikügelchen sollten
diese langsame Gewichtsverlagerung bewerkstelligen.

Alle diese Erklärungen weisen den Einbahnfehler auf.
Ein Gewicht, das nicht gleichmäßig verteilt ist oder sich auf
eine Seite verlagert, bringt manche Dinge zum Umkippen,
deshalb wendet man sich sofort der Vorstellung von einem
sich verlagernden Gewicht zu, das den Zylinder zum Umfallen bringt. Doch wird dabei die Tatsache *übersehen,* daß
eine Gewichtsverlagerung nur Ungleichgewichtigkeit verursacht, wenn sich das Schwerezentrum über die Basis
hinaus verschiebt (Überhang wie bei einem Bücherstapel),
oder wenn der Gegenstand anfänglich nur durch gleichmä-
ßige Gewichtsverteilung (wie in einem Boot oder bei einer
Wippe) im Gleichgewicht ist, und das würde bedeuten, daß
der Zylinder einen abgerundeten Boden hätte.

Kopflastig

Das ist ein weiterer Einbahnfehler. Jeder weiß, daß kopflastige Dinge aus dem Gleichgewicht geraten und umfallen. So geht man nach der Methode »Einbahnstraße« direkt von »kopflastig« zu »umfallen«. Man braucht nichts zu tun, als den Zylinder kopflastig zu machen, und er fällt um.

»Zylinder fiel um weil er kopflastig wurde.«

»Etwas am Boden stieg hoch und machte ihn kopflastig, so daß er umfiel.«

»Wurde kopflastig durch Umverteilung einer innen befindlichen Masse.«

»Ein Gewicht in der Röhre bewegte sich langsam nach oben und machte die Röhre dadurch kopflastig.«

»Etwas bewegte sich in der Röhre nach oben, so daß sie schließlich umfiel.«

»Eine Flüssigkeit verdampfte drinnen, stieg in die obere Kammer, schlug sich wieder nieder und machte den Zylinder kopflastig.«

(Natürlich, wenn etwas kopflastig wird, muß es unten leichter werden.)

»Zylinder fiel um, weil er an der Basis zunehmend leichter wurde.«

13 Prozent der spezifizierenden Erklärungen gaben Kopflastigkeit als Grund für das Umfallen des Zylinders an.

Alles mögliche wurde ersonnen, um ein Gewicht in den oberen Teil des Zylinders zu bringen: eine Maus, die auf der Futtersuche Stufen hinaufläuft; Elektromotor und Aufzug; Flüssigkeit, die in einer unteren Kammer verdampft und in einer höheren wieder flüssig wird; kochende Flüssigkeit wie in einer Kaffeemaschine; Insekten, die oben ein Licht umschwirren usw. Eine Methode, das Gewicht in dem Zylinder nach oben zu bringen, ist ein höchst interessantes Beispiel für den Einbahnfehler (vgl. Abbildung).

Der Zylinder ist mit einer Flüssigkeit gefüllt; in der

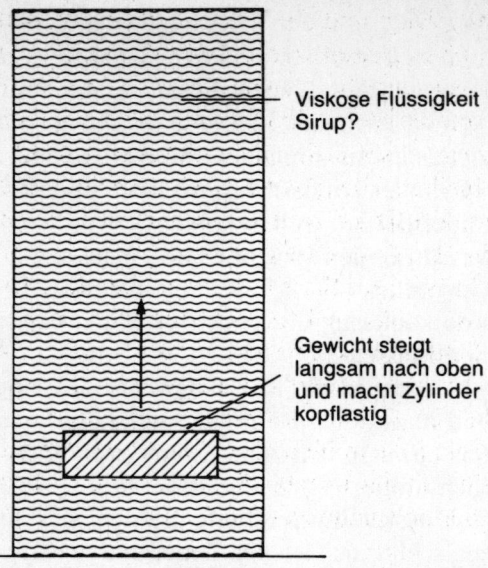

Viskose Flüssigkeit
Sirup?

Gewicht steigt
langsam nach oben
und macht Zylinder
kopflastig

Flüssigkeit steigt ein Gewicht mit geringerem spezifischem
Gewicht von unten nach oben und macht so den Zylinder
kopflastig. Die Etappen auf der Einbahnstraße sind klar:
Um den Zylinder kopflastig zu machen, muß ein Gewicht
nach oben gebracht werden – um das Gewicht nach oben
zu bringen, muß es schwimmend nach oben gleiten. Tatsächlich kann nur etwas schwimmend nach oben gleiten,
wenn es *leichter* ist als die Flüssigkeit, in der es sich befindet
(z. B. sind ein Kork oder eine Luftblase leichter als Wasser);
wenn es schwerer ist, sinkt es. Alles, was schwimmend nach
oben gleitet, wäre also leichter als die umgebende Flüssigkeit, so daß nicht eine »Last« nach oben gelangen würde,
sondern eine »Leichtigkeit«, und dadurch würde der Zylinder »kopfleichter«. Der Einbahnfehler kommt einem un-
glaublich vor, aber er unterläuft sehr leicht, weil man von
der Vorstellung eines nach oben gehenden Gewichts direkt
zu der Vorstellung von einem schwimmend gleitenden

Gewicht gelangt und die Tatsache übersieht, daß es, wenn es nach oben gleiten würde, kein »Gewicht« mehr wäre.

Kopflastigkeit als Ursache für das Umfallen des Zylinders ist an sich schon ein Einbahnfehler. Kopflastige Dinge fallen zwar tatsächlich um und können nicht senkrecht stehen bleiben, aber nicht einfach deshalb, weil sie kopflastig sind. Zusätzlich zu dem hochgelegenen Schwerpunkt muß eine Neigung dasein, so daß der Schwerpunkt nicht senkrecht über der Basis liegt, oder aber der Zylinder muß ine konvexe Basis haben, so daß er sich zu neigen beginnt, bis der Schwerpunkt über die Basis hinausragt. Wenn eine schiefe Ebene vorhanden wäre, würde ein aufsteigendes Gewicht den Zylinder schließlich umwerfen.

Es ist ein Einbahnfehler, von der Vorstellung der Kopflastigkeit direkt zur Instabilität zu gehen und die notwendigen Nebenumstände zu ignorieren.

Kopflastig und nach einer Seite

Dieser Einbahnfehler verbindet die beiden vorigen. Hier steigt das Gewicht im Zylinder nicht senkrecht nach oben, sondern schräg nach einer Seite.

»Gewicht, das nicht konzentrisch zur runden Basis war, stieg nach oben, bis der Schwerpunkt die Röhre zum Umfallen brachte.«

»Allmähliche Gewichtsbewegung an einer Seite aufwärts von unten nach oben.«

»Ein Elektromotor (batteriebetrieben) hat ein Gewicht bis oben hochgezogen – nicht ganz senkrecht über dem Basismittelpunkt, dadurch wird Röhre aus dem Gleichgewicht gebracht.«

Mehrere Möglichkeiten, ein Gewicht *schräg* nach oben zu bringen, wurden vorgelegt, darunter: ein kleines Männchen klettert eine Leiter hinauf, die innen an eine Wand des Zylinders angelehnt ist; an Stiften, die in die Wand gesteckt sind, klettert eine Maus hinauf, um oben an ein Stück Käse zu gelangen; ein Elektromotor, der einen vertikalen Stab mit einem Schraubengewinde rotieren läßt und so an diesem Stab entlang ein Gewicht nach oben bringt; eine Heizschlange, die Flüssigkeit in einem unteren Behälter kocht und sie dadurch wie bei einer Kaffeemaschine in einen oberen Behälter treibt.

Verlagerung des Schwerpunkts

Eine große Zahl von Erklärungen (15 Prozent) gab einfach eine »Verlagerung des Schwerpunkts« an. Es wurde angenommen, daß, wenn der Zylinder stabil sei, eine Verlagerung des Schwerpunkts ihn umfallen lassen würde. Der Einbahnfehler liegt auf der Hand: Schwerpunktverlagerung – Übergewicht. Dabei werden die anderen Umstände übersehen, die vorhanden sein müssen, ehe eine Schwerpunktverlagerung etwas umfallen läßt (z. B. Überhang, abgerundeter Boden usw. oder etwas, das den Schwerpunkt über die Basis hinausragen läßt).

»Federgetriebener Mechanismus mit ›Zeitzünder‹ verschiebt Schwerpunkt.«

»Verlagerung des Schwerpunkts.«

»Mechanismus, der durch Temperaturänderung infolge atmosphärischer Einwirkung eine Änderung des Schwerpunkts herbeiführt.«

»Verlagerter Schwerpunkt.«

»Zylinder enthält Sand, der durch Herabrieseln Schwerpunkt ändert.«

Einbahnfehler unterläuft leicht

Der Einbahnfehler unterläuft außerordentlich leicht, weil Denken bedeutet, von einem Gedanken zum nächsten fortzuschreiten. Bei dieser einfachen Bewegung neigt man dazu, die anderen Faktoren zu übersehen, die zur ursprünglichen Situation gehören. Wenn zwei Dinge zusammen eine Wirkung ergeben, dann passiert es leicht, daß man nur eins dieser Dinge berücksichtigt und trotzdem die Wirkung erwartet. Zum Beispiel könnte ein Kind, das seiner Mutter beim Zubereiten der Bratkartoffeln zusieht, selbst den Versuch machen und Kartoffelscheiben in die erhitzte Pfanne legen, ohne an das nötige Fett zu denken. Auf genau dieselbe Weise waren die als Erklärung für den schwarzen Zylinder angebotenen Gewichtsverlagerungen als solche unzulänglich.

In einer Beziehung sind Einbahnfehler einfältige Fehler. »Steuern sind gemein, laßt uns die Steuern abschaffen.« – »Wir wollen mehr Geld haben, also laßt uns einen Banktresor knacken!« – »Lehrer sind da, um zu unterrichten – also wissen Lehrer über das Unterrichten mehr als jeder andere.« – »Professoren sind klug – was er sagt, muß also richtig sein.« Der Einbahnfehler bedeutet einfach, blindlings von einem Gedanken zu einem anderen zu gehen, ohne nach rechts oder links zu schauen und auf modifizierende Faktoren zu achten. Wenn man sich keine modifizierenden Faktoren vorstellen kann, bleibt einem natürlich gar nichts anderes übrig, als sie zu übersehen. Deshalb kann es recht schwierig sein, jemanden, der einen Einbahnfehler begeht, davon zu überzeugen, daß noch andere Dinge berücksichtigt werden müssen, denn man kann die Stichhaltigkeit des Fortschreitens von einem Gedanken zu einem anderen nicht leugnen. »Aber kopflastige Dinge fallen doch um – können Sie das leugnen?«

F 2   »Sieben auf einen Streich«

Das ist der zweite Hauptfehler, der sich unmittelbar aus der Wirkungsweise des Verstandes ergibt. Hier geht der Verstand von einem Gedanken zu einem anderen in einer –

wie es scheint – stichhaltigen Weise, wenn man nur den *Namen* der Gedanken in Betracht zieht, die aber nicht stichhaltig ist, wenn man die in Frage kommenden Größenordnungen berücksichtigt.

›Sieben auf einen Streich‹ stickte sich das dürre Schneiderlein auf den Gürtel und wurde fortan als ein gefährlicher Haudegen gefürchtet. Wer dachte schon an Fliegen?

»Mami, du brauchst nichts zum Abendessen zu kaufen, Papi hat einen Fisch gefangen.«

»Wir werden mit dem Verbrechen auf den Straßen aufräumen, indem wir mehr Polizisten die Runde machen lassen.«

Der Gedankengang vom Fisch zum Abendessen ist völlig stichhaltig, aber die Größenordnung kann ganz falsch sein, wenn Papi nur einen Stichling gefangen hat. Ebenso ist es einleuchtend, daß zwar mehr Polizisten dem Verbrechen Einhalt gebieten können, drei zusätzliche Polizisten aber nicht viel ausmachen und es notwendig sein könnte, den Mannschaftsbestand der Polizei mindestens zu verdoppeln.

Bei dem Zylinderexperiment kam der Größenordnungsfehler oft vor.

»Der schwarze Zylinder fiel um, als alle gleichzeitig zur Feder griffen, um zu schreiben – Wind hat ihn umgeblasen.«

»Durchzug von der Tür – ein Hauptgrund.«

»Das Vibrieren des Ventilators und des Overhead-Projektors warf ihn um.«

»Schwerer Schritt erschütterte den Fußboden und warf Zylinder um.«

»Als der Redner auf dem Podium zurücktrat, erschütterte er den Tisch.«

»Schallwellen vom Gelächter der Hörer brachten ihn aus dem Gleichgewicht.«

»Sie haben ihn umgestoßen, als keiner hinschaute.«

Weitere Beispiele sind die Ansammlung von Insekten um ein Licht oben im Zylinder, die ihn kopflastig machte, und magnetische Anziehung über eine Distanz bis zu 30 Zentimetern, die den Zylinder umrissen.

Alle diese Erklärungen *könnten* zutreffen, wenn die Größenordnung richtig wäre, aber sie können bestimmt *nicht* zutreffen, wenn die Größenordnung falsch ist. Ein sehr starker Wind könnte einen sehr leichten Zylinder oder einen, der sehr fein ausbalanciert ist, umblasen. Aber es wehte kein wahrnehmbarer Wind, und der Zylinder war so schwer, daß er laut bumste, als er umfiel (wie mehrere Hörer erwähnten). Außerdem war der Zylinder ganz lässig hingestellt worden und nicht mit der Sorgfalt, die nötig gewesen wäre, wenn etwas gut ausbalanciert werden muß. Auch ist es sehr unwahrscheinlich, daß überhaupt eine Luftbewegung entsteht, wenn alle gleichzeitig nach ihren Federhaltern greifen.

Der Fußboden bestand aus festem Beton, und auch das Podium war so stabil gebaut, daß ein Schritt höchstens ganz geringe Schwingungen erzeugt hätte. Ventilator und Projektionsapparat standen fünf Meter entfernt auf einem Extratisch, so daß es nicht wahrscheinlich war, daß ihre leichten Schwingungen den Zylinder umwerfen würden. Daß der Redner *mit Sicherheit* einen Augenblick erwischen könnte, in dem niemand hinschaute, um hinüberzugehen und den Zylinder umzuwerfen, ist höchst unwahrscheinlich. Ein kleiner Insektenschwarm würde nicht viel Gewicht haben. Es müßte schon ein sehr starker Magnet sein, der über eine Entfernung von 30 Zentimetern wirkt, und eine Taschenlampenbatterie wäre zu schwach, um ihn mit Energie zu versorgen.

In all diesen Fällen ist der *Name* der Wirkung richtig, aber die *Größe* ist falsch. Magnete ziehen Dinge an, ohne mit ihnen in Berührung zu sein, aber sie müssen dicht dran sein. Beim Denken von Kindern kommen dauernd Größenordnungsfehler vor. Auf einem Bild vom Häuserbau im Eiltempo stand ein Mann auf dem Dach und hielt einen Magneten in der Hand, der magnetische Mauersteine von einem Lastwagen emporzog. Auf der Zeichnung für eine Apfelpflückmaschine befand sich ein Magnet am Boden neben dem Baumstamm. An jedem Apfel war ein Metallschild befestigt, und bei eingeschaltetem Magnet wurden die Äpfel auf den Boden gezogen.

Eines Abends bricht ein Mann in London auf, um zu Fuß nach Liverpool zu gehen. Sie sagen ihm, das sei unmöglich, aber er zeigt auf den Wegweiser und sagt: »Das ist doch die richtige Straße, nicht wahr?« Sie können nicht leugnen, daß es die richtige Straße ist, und nur darauf hinweisen, daß die Entfernung zu groß sei. Gleichermaßen ist bei dem Größenordnungsfehler das Fortschreiten von einem Gedanken zu einem anderen absolut stichhaltig – nur die Größenordnung kann ganz falsch sein.

Abstrakte Begriffe

Der Größenordnungsfehler unterläuft wahrscheinlich nicht so leicht bei Situationen, mit denen man Erfahrung hat. Ein Zimmermann wird zum Beispiel ein Stück Holz anschauen und sagen: »Das ist dick genug, um mein Gewicht auszuhalten.« Darum machen Kinder so oft Größenordnungsfehler, wenn sie Dinge zeichnen, mit denen sie keine Erfahrung haben – wenn sie einfach benannte Begriffe miteinander verbinden.

Zum Denken gehört gewöhnlich eher Vorausdenken als das Beschreiben der augenblicklichen Szene. Es müssen also benannte Begriffe in einer Weise verbunden werden, für die es keine Erfahrung gibt. Daher unterläuft der Größenordnungsfehler sehr leicht. Das ist insbesondere der

Fall, wenn es sich um abstrakte Begriffe wie Liebe, Macht, Gerechtigkeit, Unruhe, Strafe, Angst, Gier usw. handelt. »Liebe überwindet alles.« Aber wieviel Liebe ist nötig, um sich mit einem Plumpsklosett, nicht vorhandener Warmwasserversorgung und einem Ehemann abzufinden, dem Alkohol lieber ist als Arbeit? »Halte Diät und du wirst abnehmen.« Vielleicht – aber welche Diät und wie lange? »Strafe ist der beste Weg, um Recht und Ordnung aufrechtzuerhalten.« Aber wieviel Strafe und welche Ordnung?

Maße

Maße sind das Werkzeug, das wir bewußt geschaffen haben, um mit dem Größenordnungsfehler fertig zu werden. »Geben Sie einen *Teelöffel* Shampoo in eine *Tasse* Wasser« ist ganz etwas anderes als »Geben Sie Shampoo ins Wasser«. Wir haben ein Zahlensystem erfunden, das uns ermöglicht, eine ununterbrochene Kette von Größen in einzelne benannte Teile zu zerlegen. Eine Drei-Kilo-Weihnachtsgans ist ganz etwas anderes als ein sechs Kilo schwerer Gänsebraten. Die beiden unterscheiden sich ebenso wie ein rotes und ein blaues Kleid. Mit Hilfe von Zahlen und Maßen unterteilen wir einen benannten Begriff in verschiedene andere benannte Begriffe. Eine Hausfrau bestellt nicht einfach »Gänsebraten« für Weihnachten und nimmt die Gefahr eines ärgerlichen Größenordnungsfehlers auf sich, sondern bestellt eine Gans »von zehn Pfund« – ebenso wie man in einem Restaurant Kaffee bestellen würde, wenn man Kaffee trinken will, und Tee, wenn man Tee trinken will, und nicht einfach »etwas zu trinken«.

Ohne Zahlen ist es völlig korrekt, wenn das Kind sagt: »Papi hat einen Fisch gefangen, wir können ihn zum Abendbrot essen.« Es mag richtig sein, wenn Papi tatsächlich einen genügend großen Fisch gefangen hat, oder ganz und gar falsch, wenn Papi nicht so erfolgreich war. Doch wenn die Mitteilung gelautet hätte: »Papi hat einen Stichling gefangen«, dann wäre es ganz klar, daß man zwar von dem Begriff »Fisch« zu dem Begriff »Abendessen« gehen kann, aber nicht von »Stichling« zu »Abendessen«.

Namen, nicht Maße

Mißlich ist, daß es in den meisten Fällen keine Maßeinheiten gibt oder überhaupt keine Möglichkeit zu messen. Welche Maßstäbe soll man anlegen bei Krieg, Organisation, soziale Gerechtigkeit, Schönheit, Ungeduld, Rücksicht, Langeweile, Glück usw.? Wir haben gerade erst angefangen, Methoden zu entwickeln, um eine so verdammt reale Sache wie Schmerz zu bemessen, damit wir die Wirksamkeit verschiedener schmerzstillender Mittel vergleichen können.

Natürlich kann man Adjektive verwenden, um die Größe anzugeben. Doch sind sie meist nutzlos, weil sie so relativ sind. »Sie können einen großen Fisch nicht in dieses kleine Boot legen.« Das gibt nicht viel her. Was ist unter einem großen Fisch zu verstehen? Ist es ein für diese Gegend großer Fisch oder ein großer Fisch, wie Fische eben sind, oder ein absolut großer Fisch, etwa ein sechs Meter langer Hai? Wenn es weiter nichts bedeutet, als daß man in das Boot keinen Fisch legen kann, der so groß ist, daß er nicht hineinpaßt, dann sagt man in Wirklichkeit gar nichts.

Adjektive beschreiben relativ und sind keine unabhängigen Größenhinweise: ein großer Fisch, wie Fische in dieser Gegend eben sind, ein kleines Boot, wie Boote eben sind, usw.

Eier können von Hühnern gelegt werden, aber eine Henne kann keinen *Kaviar* legen. Es ist einfach, mit Größenordnungen umzugehen, wenn verschiedene *Größen* verschiedene *Namen* haben, denn dann kann man sie als verschiedene Dinge behandeln. Röcke könnte man zum

Beispiel als sehr lang, lang, kurz und sehr kurz bezeichnen. Oder man könnte sogar die Zentimeter vom Boden oder vom Knie aus angeben. Oder man könnte einfach Mini-, Midi- und Maxirock sagen.

Leider haben wir bei vielen Dingen keine verschiedenen Namen für die verschiedenen Größen. Bei Liebe, Gerechtigkeit, Macht usw. haben wir nichts als den einfachen Begriff. Das bedeutet, daß einem dauernd Größenordnungsfehler unterlaufen. Vielleicht wäre es einfacher, wenn wir wie die Griechen sieben Wörter für Liebe hätten. Allein schon, wenn man von Miniliebe, Midiliebe und Maxiliebe sprechen könnte, würde es vielleicht dazu beitragen, die Größenordnungsfehler zu vermindern. Auf die Frage: »Wie kannst du mich lieben, wenn du abends im Bett immer liest?« könnte geantwortet werden: »Meine Maxiliebe zu dir ändert sich nicht durch diese Mini-Unart.«

Auch für Recht und Gesetz haben wir nur ein Wort. Ein Junge, der einen Apfel stiehlt, ein Autofahrer, der zu lange parkt, und ein Mörder sind alle drei *Gesetzes*brecher und müssen von *Rechts* wegen belangt werden. So werden die Gerichte belastet, und das Leben von Menschen wird durch Vorstrafen ruiniert, weil wir keine Methode entwickelt haben, den großen Begriff Recht in kleinere zu zerlegen, um den Größenordnungsfehler zu mindern. Bei der Situation »Krieg« beginnen wir endlich damit und führen eine Reihe von Abstufungen ein anstelle der früheren Vorstellung von Krieg/kein Krieg. Wir haben jetzt Eskalationsstufen wie: Stadium der Drohungen; Stadium der Grenzzwischenfälle; Stadium der Mobilmachung usw. Das ist gleichbedeutend mit: eine Kriegseinheit, zwei Kriegseinheiten, drei Kriegseinheiten usw. Die Folge davon ist, daß man Größenordnungen auswählen kann und nicht sagen muß: »Es hat einen Grenzzwischenfall gegeben, das bedeutet den totalen Krieg«, wie wir es früher taten.

F 3   »Doppelgänger«

Sie gehen die Straße entlang und sehen vor sich jemanden, den Sie gut kennen. Sein Hinterkopf ist unverwechselbar, und den Anzug trägt er oft. Als Sie ihn eingeholt haben, merken Sie, daß es ein Fremder ist.

Es gibt einen kleinen Fisch, der die Parasiten aus den Flossen und Schuppen sehr viel größerer Fische herausholt. Die großen Fische erkennen diesen hilfreichen kleinen Burschen wieder und sperren sogar das Maul auf, damit die Kleinen hineinschwimmen und sich drinnen Futter suchen können. Doch ein anderer kleiner Fisch sieht genauso aus wie der erste und hat sogar denselben kleinen Tanz gelernt. Der große Fisch glaubt nun, der arglistige Fisch sei der bekannte Freund, und läßt ihn herankommen, woraufhin der Betrüger dem großen Fisch ganze Stücke von den Flossen abknabbert.

In beiden Beispielen wird etwas als vertraut wiedererkannt und erweist sich dann als etwas ganz anderes. Das ist der Mißdeutungsfehler, denn die Vorstellung, die man sich macht, stimmt mit der Wirklichkeit nicht überein. Sie erkennen gewisse Merkmale wieder, und diese Merkmale bringen Sie dann weiter zu einem vertrauten Begriff wie einem Menschen oder einem Fisch, die Sie kennen, Sie warten nicht ab, bis Sie alle Merkmale, die möglich sein können, registriert haben, sondern ziehen voreilig einen Schluß. Das tun Sie sobald als möglich. Wären Ihnen indes noch andere Merkmale aufgefallen, hätten Sie sich vielleicht anders besonnen und den Mißdeutungsfehler vermieden. Hätten Sie zum Beispiel bemerkt, daß der Mann vor Ihnen auf der Straße Ringe an den Fingern hatte, dann hätten Sie gewußt, daß es nicht Ihr Freund sein konnte.

Bei dem Experiment mit dem schwarzen Zylinder war bei mehreren Erklärungen der Mißdeutungsfehler unterlaufen, weil voreilig ein Schluß gezogen wurde, der nicht zu der Information paßte, die den Teilnehmern zur Verfügung stand.

Viele der Erklärungen unterstellten zum Beispiel, der Zylinder sei so leicht, daß er von selbst umfiel oder von einem sanften Wind umgeblasen wurde. Das war eindeutig ein Mißdeutungsfehler, denn tatsächlich war der Zylinder so schwer, daß er mit einem lauten Krachen umfiel. Mehrere Erklärungen unterstellten, der untere Teil des Zylinders sei mit »Knete« gefüllt, die langsam nachgab. Der Zylinder sei dann abgesackt und schließlich umgefallen. Aber man sah nicht, daß der Zylinder absackte und langsam umfiel – er fiel ganz schnell.

Bei einer anderen Erklärung wurde ein Gewicht gezeichnet, das exzentrisch um die senkrechte Achse eines Elektromotors rotiert. Das habe den Zylinder dann ins Schwanken gebracht, bis er umfiel. Aber man sah nicht, daß der Zylinder schwankte.

Alle Zylindererklärungen waren insofern falsch, als keine von ihnen beschrieb, was eigentlich in dem Zylinder war. In dieser Beziehung waren es sämtlich Mißdeutungsfehler, weil sie von etwas annahmen, das und das zu sein, und das war es nicht. Aber in der Praxis kann man sich nur nach der tatsächlich vorhandenen Information richten. Mehr kann man nie tun. Man kann nicht behaupten, daß man immer alle Informationen haben könne, die möglich seien – und gewiß war das nicht der Fall bei dem Zylinderexperiment. In der Praxis unterläuft der Mißdeutungsfehler also, wenn eine Vorstellung nicht mit der *tatsächlich verfügbaren* Information übereinstimmt.

Man zieht voreilig einen Schluß auf Grund der Merkmale, die einen aufgefallen sind. Wenn diese nur ein Bruchteil dessen sind, was einem hätte auffallen können, dann kann ein Mißdeutungsfehler unterlaufen. Wenn man einer Schlußfolgerung die gesamte verfügbare Information zugrunde legt, dann ist diese Schlußfolgerung so stichhaltig, wie sie unter den gegebenen Umständen sein kann. Wenn indes jemand anders daherkommt und neue Informationen anbietet, dann muß die Vorstellung entweder geändert werden, oder sie wird ein Mißdeutungsfehler.

Gute Paßform

Es ist wichtig, sich darüber klarzuwerden, daß das Ausmaß der Mißdeutung kein Hinweis ist auf die Größe des Fehlers. Am tatsächlichen Fehler würde sich nichts ändern, wenn der Mann, den Sie auf der Straße zu erkennen glaubten, nur ein einziges gemeinsames Merkmal mit Ihrem Freund hatte oder von zwanzig Merkmalen neunzehn. In beiden Fällen wäre er nicht der gewesen, für den Sie ihn hielten. Der Fehler wäre verständlicher und verzeihlicher, wenn die beiden viele gemeinsame Merkmale gehabt hätten, doch praktisch gesprochen wäre es immer noch ein Fehler gewesen. Das alte Newtonsche Weltbild wies nur ein sehr geringes Maß von Mißdeutung auf. Einsteins Auffassung paßte ein klein wenig besser. Doch das Ergebnis der beiden Vorstellungen war sehr unterschiedlich: Einsteins Auffassung ermöglichte die Atombombe.

Eine Theorie oder Vorstellung, die zu 95 Prozent »paßt«, ist nicht notwendigerweise richtiger als eine, die zu 70 Prozent »paßt«. Beide können brauchbar sein, aber beide müssen geändert werden.

Unterläuft leicht

Der Mißdeutungsfehler unterläuft sehr leicht, weil der Verstand wirklich nicht alles bemerken kann, was es zu bemerken gibt. Der Verstand arbeitet unter Verwendung gut eingeführter Muster. Schnelligkeit und Wirksamkeit seiner Tätigkeit hängen von dem möglichst raschen Wiedérerkennen dieser Muster ab. Man wartet nicht, bis einem alle in Frage kommenden Merkmale aufgefallen sind, sondern macht von ein paar Merkmalen einen Sprung zum Erkennen der Situation. Je vertrauter die Situation, um so schneller ist der Sprung zum Erkennen. Wenn man sehr genaue und sehr ausgeprägte Vorstellungen hat, zieht man sehr voreilige Schlüsse – und macht eine Menge Mißdeutungsfehler. Vor einiger Zeit ging in New York ein Polizist auf einen steckengebliebenen Wagen zu. Der Mann im Wagen suchte nach seinem Führerschein. Der Polizist glaubte, er wolle einen Revolver herausziehen, und schoß auf ihn. Woraufhin der Mann zurückschoß. Er war nämlich auch Polizist, nur gerade nicht im Dienst. Eine Ehefrau, die ihrem Mann wenig traut, wird es sehr schnell als einen Beweis für Untreue interpretieren, wenn seine Krawatte abends anders gebunden ist als morgens; dabei hat er vielleicht nach Dienstschluß nur eine Partie Tischtennis gespielt. Wer sehr entschiedene politische Ansichten hat, wird einen Mißdeutungsfehler nach dem anderen begehen, weil er dauernd »Kurzschlüsse« zieht, die mit den gegebenen Tatsachen nicht übereinstimmen.

F 4 »Ex cathedra«

Das ist der Arroganzfehler. Im Gegensatz zu den anderen Fehlern ist er eher ein Fehler in der Zukunft denn in der Gegenwart oder Vergangenheit. Falsch ist nicht der Gedanke, sondern die Art und Weise, wie seine Weiterentwicklung verhindert wird. Es mag nichts dagegen einzuwenden gewesen sein, wie die Information zusammengestellt wurde, die zu einer Schlußfolgerung führen soll. Der Fehler entsteht erst, wenn Arroganz sich dieser Schlußfolgerung bemächtigt und sie wie in einer Schraubzwinge umklammert hält. Hat der Papst einen bestimmten Satz ex cathedra gesprochen, dann hat alles weitere Nachdenken darüber aufzuhören, denn für die Gläubigen ist dieser Satz nunmehr unfehlbar wahr.

Gestoppte Weiterentwicklung

Eine Arroganzklammer verhindert jede Verbesserung eines Gedankens. Die Klammer hält den normalen Evolutionsprozeß auf, durch den die Gedanken immer besser werden können. Wird die Entwicklung an irgendeinem Punkt angehalten, dann wird damit behauptet, eine weitere Evolution könne den Gedanken nicht verbessern. Es ist, als wollte man unterstellen, daß die Evolution der tierischen Lebewesen bei den Dinosauriern hätte aufhören müssen, weil diese Tiere so gut in die Umwelt paßten. Aber die Verhältnisse ändern sich, und die Begriffe müssen sich mit ihnen ändern, um Schritt halten zu können. Es ist nicht so sehr der Erfindungsreichtum der Technik des 20. Jahrhunderts, der Schwierigkeiten verursacht, sondern die Armut an Erfindungsgeist bei den Ideen aus dem 19. Jahrhundert, die noch immer unsere Technik beherrschen. Wir glauben immer noch, wenn wir ein Flugzeug haben, daß es hübsch wäre, ein noch größeres und schnelleres zu haben. Wir denken wie zu Kaisers Zeiten immer noch an Krieg als ein Mittel der Politik, besitzen dabei aber ein Overkill-Arsenal in mindestens doppelter Ausführung.

Doch selbst wenn sich die Verhältnisse nicht ändern, kann eine bestimmte Vorstellung doch niemals den größten Nutzen aus der verfügbaren Information ziehen, und zwar wegen der Wirkungsweise des Verstandes. Eine Vorstellung, die eine Verbindung der im Laufe der Zeit in den Verstand eingedrungenen Informationen ist, verbessert sich immer noch, während die Information neu sortiert und angeordnet wird. Bei diesem Prozeß kommt die Vorstellung der besten Ausnützung der verfügbaren Information immer näher. Selbst wenn sich die Verhältnisse nicht ändern, verhindert also eine Arroganzklammer die Verbesserung der Gedanken.

Ausgesperrte Alternativen

Abgesehen davon, daß der Vorurteilsfehler die Weiterentwicklung eines Gedankens bremst, schließt er die Möglichkeit anderer Gedanken aus. Diese Gedanken werden nicht ausgeschlossen, weil sie unzulänglich sind, sondern einfach deshalb, weil der arroganzgepanzerte Gedanke gut genug zu sein scheint. Selbst wenn die anderen Gedanken im Augenblick nicht so befriedigend sind wie der arroganzgepanzerte, könnten sie, wenn ihnen etwas mehr Aufmerksamkeit geschenkt würde, sich sehr wohl so entwickeln, daß sie dem anderen überlegen sind. Überdies schließt der Ex-cathedra-Fehler die Möglichkeit eines neuen Standpunkts aus. Es wird nicht nur kein Versuch gemacht, eine solche Alternative zu entwickeln, sondern sie bliebe unbeachtet, wenn sie sich durch Zufall einstellen sollte.

Es ist nicht verkehrt, wenn man sagt, der schwarze Zylinder sei umgefallen, weil plötzlich unten ein Stift herauskam. Der Vorurteilsfehler entsteht, wenn man behauptet, das sei die *einzige* Möglichkeit, wie der Zylinder umgefallen sein könne.

Kultur und Persönlichkeit

Der Vorurteilsfehler ergibt sich aus der Art und Weise, wie der Verstand mit Information umgeht, aber er ist auch die Folge der traditionellen Werkzeuge, die wir für das Denken entwickelt haben. Das gilt insbesondere für das JA/NEIN-System mit seinen starren Zustimmungen und Ablehnungen. In der Praxis hängt der Vorurteilsfehler mitsamt seiner Arroganz auch mit der Persönlichkeit und der Ausbildung zusammen.

F 5 »Desdemonas Taschentuch«

Er könnte auch der Auswahl- oder Teilwahlfehler genannt werden. Er entsteht, wenn jemand nur einen Teil der Situation berücksichtigt und dennoch Schlüsse zieht, die für die ganze Situation gelten. Zum Beispiel könnten Freunde Mitleid mit einer Frau haben, deren Ehemann sie hat sitzen lassen, und seine Verantwortungslosigkeit rundweg verurteilen. Dabei übersehen sie möglicherweise die Tatsache, daß die Frau den Mann mit ihrer ewigen Nörgelei davongetrieben hat. Das klassische Beispiel ist Othello, der Mohr von Venedig: Weil ein Taschentuch seiner Frau in fremde Hände geraten ist, sieht er die tugendhafte Desdemona gleich als Nutte an und erwürgt sie.

Bei dem Auslassungsfehler ist die Schlußfolgerung in bezug auf den Ausgangspunkt immer hieb- und stichfest. Die Fotografie eines Polizisten, der mit seinem Knüppel auf einen Mann einschlägt, mag als Beweis für die Brutalität der Polizei herangezogen werden, denn so sieht es aus. Ausgelassen wird dabei die Tatsache, daß der Mann den Polizisten gerade mit einem Messer bedroht hatte. Vielleicht ist das aus dem Bild nicht zu ersehen.

Das ganze Bild

Der Auslassungsfehler ist leicht zu erkennen, wenn man das ganze Bild sieht. Aber man weiß nicht, was ausgelassen worden ist, wenn man das ganze Bild nicht *schon kennt*. Wenn Sie es noch nicht kennen, warum sollten Sie dann glauben, daß mehr an dem Bild dran ist, als man Ihnen gezeigt hat? Um zu glauben, daß Ihnen nur ein Teil des Bildes gezeigt worden ist, müssen Sie einen bestimmten Grund dafür haben, zum Beispiel Mißtrauen gegen denjenigen, der Ihnen das Bild zeigt. Selbst wenn Sie den Verdacht haben, daß es irgendwo ein vollständigeres Bild geben müsse, haben Sie vielleicht keine Möglichkeit, es herauszufinden, und Ihnen bleibt nur der vage Eindruck, daß es irgendwo sein müsse. Nun können Sie unter verschiedenen Möglichkeiten wählen:

1. Sie lehnen die angebotene Schlußfolgerung ab, weil Sie *irgendwie* überzeugt sind, daß sie nur auf einem Teil des Bildes beruhe.
2. Sie lehnen die angebotene Schlußfolgerung ab, weil sie Ihnen nicht zusagt, und Sie behaupten daher, sie müsse nur auf einem Teil des Bildes beruhen.
3. Sie akzeptieren die Schlußfolgerung unter Vorbehalt, forschen aber immer noch nach dem vollständigen Bild.
4. Sie akzeptieren die Schlußfolgerung, weil sie Ihnen zusagt, und kommen zu der Überzeugung, das Bild müsse doch vollständig sein.
5. Da Sie den Rest des Bildes nicht finden können, kommen Sie zu dem Schluß, das gebe es gar nicht und Sie hätten das vollständige Bild in Händen.

Auswahl

Politische oder ideologische Propaganda jeder Art beruht immer auf dem Auslassungsfehler. Gewöhnlich ist sie so selektiv, daß man eher vom »Auswahlfehler« als vom »Auslassungsfehler« sprechen könnte. Sie sehen sich den Teil des ganzen Bildes an, der Ihnen die Schlußfolgerung liefern soll, die Sie ziehen wollen. Wie bei der Werbung greifen Sie die verkaufsfördernden Merkmale heraus und beachten alles übrige gar nicht. Zum Glück ist das Verkaufen von Ideen noch nicht so ausgeklügelt wie das Verkaufen von Waschpulver. Man vergleicht den Reichtum eines Kapitalisten mit der Armut eines Arbeiters, zieht aber die Produktivität der Volkswirtschaft nicht in Betracht. Oder man stellt fest, daß es in einem anderen politischen

System keine kapitalistische Ungleichheit gebe, beachtet aber nicht den Mangel an persönlicher Freiheit. Ein anderer mag an die Produktivität eines kapitalistischen Systems denken und die Armut oder Angst vor Armut, die es in Gang halten, auslassen. Es ist einfach, die Schlußfolgerung zu ziehen, die man haben möchte, und dann den Teil des Bildes, der zu dieser Schlußfolgerung führt, im Ausschnitt zu bringen. Das übrige wird natürlich weggelassen.

Aufmerksamkeitsbereich

Der Auslassungsfehler ist gewöhnlich keine unredliche oder bewußte Machenschaft. Es kommt dabei nur darauf an, wo man die Grenzen des Aufmerksamkeitsbereichs zieht. Denn innerhalb dieses Bereichs denkt man und zieht Schlüsse. Haben Sie, wenn Sie ein Ei soundso viele Minuten kochen, berücksichtigt, daß es aus dem Kühlschrank kommt oder daß Sie in einem Ferienort hoch im Gebirge sind? Ist bei der sozialen Gerechtigkeit die Zuwachsrate des Bruttosozialprodukts eingeschlossen? Bezieht sich Armut auf die Verhältnisse von gestern, den Vergleich von heute oder die Möglichkeiten von morgen? Irgendwo muß man die Grenzen ziehen, und gewöhnlich werden sie vom Ausmaß des eigenen Interesses gezogen. Der Auslassungsfehler unterläuft nicht, weil man Grenzen zieht, sondern weil man eine Schlußfolgerung, die auf einem bestimmten Teil des Bildes beruht, auf das ganze Bild anwendet. Zum Beispiel könnte wer behaupten, die Verstaatlichung des gesamten Gesundheitswesens in England sei eine einzige Pleite, nur weil seine Tante Mary einmal zwei Jahre lang auf ihre Krampfaderoperation habe warten müssen.

Zusammenfassung

Der wichtigste Punkt ist, daß sich die falschen Denkmethoden unmittelbar aus der Art und Weise ergeben, wie der

Verstand mit Informationen umgeht. Sie sind nicht eine Folge von Dummheit, Nachlässigkeit oder mangelnder Übung des einzelnen. Selbst den intelligentesten und gebildetsten Menschen unterlaufen Fehler genau derselben Art. Sie denken vielleicht eher über Steuergerechtigkeit nach und nicht gerade über den Bau einer Gartenhütte, aber der Fehlertyp ist der gleiche. Das ist kaum überraschend, da die Fehler eine Folge davon sind, wie der Verstand mit Information umgeht. Denselben Prozessen, die aus ihm einen so wirkungsvollen Denkapparat machen, sind auch die Fehler zuzuschreiben. Es gibt keine Elektrizität, die Ihnen zwar so viel Strom liefert, wie Sie haben wollen, aber Ihnen keinen Schlag versetzt, denn ein elektrischer Schlag ist dieselbe Energie, nur auf Ihren Körper angewandt. In der Praxis werden Sie sich der Gefahr von Schlägen bewußt und ergreifen Schritte, um diese Gefahr zu verringern oder zu vermeiden. Ebenso lernt man, die Fehler des Verstandes zu erkennen und die Gefahren zu vermindern, indem man neue Denkwerkzeuge und Denkmethoden entwickelt.

Fehler korrigieren

Der am leichtesten zu korrigierende Fehler ist der Mißdeutungsfehler »Doppelgänger«. Wenn jemand Sie auf etwas hinweist, das Sie übersehen haben, dann kann es sein, daß Sie sofort und von selbst Ihre Meinung ändern. Zum Beispiel bei dem irrtümlichen Erkennen des Mannes auf der Straße: Hätte ein Begleiter Sie darauf hingewiesen, daß der Mann Ringe an den Fingern trug, dann hätten Sie sofort Ihre Meinung geändert. Doch wenn niemand da ist, der Sie auf etwas hinweist, dann werden Sie wahrscheinlich weiter außer acht lassen, was Sie schon vorher außer acht gelassen haben, weil Ihnen Ihr Gedanke ganz richtig erscheint. Die Ansichten anderer sind eine große Hilfe bei der Vermeidung von »Doppelgängern«.

Nicht immer lassen sich »Doppelgänger« leicht rückgängig machen. Wenn jemand die Vorstellung braucht, die er hegt, dann wird er sie wahrscheinlich nicht ändern, wenn man ihn auf Bereiche hinweist, wo sie nicht paßt. Wer alle Gastarbeiter als eine Belastung für die Sozialversicherung ansieht, wird wahrscheinlich auch dann seine Ansicht nicht ändern, wenn Sie ihn darauf hinweisen, daß die meisten Gastarbeiter mehr einzahlen als bekommen.

Ein sehr schwer zu überwindender Fehler ist der Einbahnfehler. Das liegt daran, daß die Konsequenz logisch richtig zu sein scheint, und wir haben immer so viel Zutrauen zu logischer Richtigkeit gehabt, daß wir uns nun weigern, von etwas abzurücken, das logisch richtig ist. Es ist zwecklos, darauf hinzuweisen, daß der direkte Schritt von einem Gedanken zu einem anderen nur möglich ist, wenn andere Dinge berücksichtigt werden. Zum Beispiel ist es zwecklos, darauf hinzuweisen, daß ein kopflastiges Ding nur dann umfällt, wenn seine Basis gerundet ist, denn der Gedanke ist nicht von vornherein so vorgebracht worden. Am besten ist es, den Gedanken aufzugreifen und ihm dann weiter nachzugehen. Statt zu sagen: »Du kannst das nasse Kätzchen nicht in die Wäscheschleuder setzen, denn die ist für Wäsche«, sagen Sie: »Wenn du das Kätzchen in die Wäscheschleuder setzt, wird es sterben.« Wenn der Gedanke aufgegriffen, aber weiterverfolgt wird, läßt sich oft zeigen, warum er falsch ist. Zum Beispiel könnte man sagen: »Angenommen, alle kopflastigen Dinge fallen um. Wie ist es aber mit einem pyramidenförmigen, das oben sehr schwer ist – würde es auch umfallen?« Die andere Möglichkeit ist, die orthodoxe Unfehlbarkeit, mit der logisch richtige Gedanken vertreten werden, zu unterlaufen, doch das betrifft den Arroganzfehler.

Was die Schwierigkeit der Korrektur betrifft, so liegt der Größenordnungsfehler »Sieben auf einen Streich« irgendwo zwischen den beiden oben genannten. Manchmal kann man tatsächlich die in Frage kommende Größenordnung erforschen und Größen und Zahlen angeben. Wenn zum Beispiel behauptet wird, jeder habe Angst vor Krebs und niemand werde überhaupt noch Zigaretten rauchen, wenn es feststeht, daß sie Krebs erzeugen, dann können Sie darauf hinweisen, daß sich der Zigarettenkonsum nach der Bekanntmachung nur um einen kleinen Prozentsatz und nur vorübergehend verringert hat. Wenn jemand behauptet, die Menschen würden im Fernsehen gern Brutalitäten sehen, dann könnte man sich daranmachen zu zählen, wie viele Menschen wirklich gern brutale Szenen sehen.

Aber meistens hat man weder Daten, noch kennt man die tatsächliche Größenordnung, und dann ist der Größenordnungsfehler sehr schwer auszuräumen, weil er nämlich eine Frage der logischen Konsequenz wird. Der Mann deutet auf den Wegweiser und sagt: »Das ist die Straße nach Liverpool – können Sie das leugnen?« Natürlich kann man es nicht leugnen. Es ist logisch, wenn man sagt, Unruhen führen zur Revolution, und ebenso kann man sagen, Eier werden von Hühnern gelegt. Aber eine Henne legt keinen Kaviar, und ein paar kleine Unruhen müssen nicht unbedingt zu einer ausgewachsenen Revolution führen.

Manchmal kann man die Kaviartaktik anwenden, um über den Größenordnungsfehler hinwegzukommen. Das heißt, man kann den Dingen verschiedene Namen geben, wenn sie verschieden groß sind, zum Beispiel Pfütze, Teich oder See für eine Wasserfläche. Aber derartige benannte Begriffe muß es schon geben. Man kann sie nicht auf der Stelle fabrizieren. Auch besteht die Schwierigkeit, daß der Verstand sich gern an den äußeren Enden der Skala bewegt, wenn es sich um Dinge handelt, die nicht materieller Art sind. Zum Beispiel ist es viel einfacher zu erklären, man sei wahnsinnig verliebt, statt andere Ausdrücke auf der Liebesskala zu verwenden wie gefesselt, interessiert, sich gut verstehen, sich mögen usw. Alle diese anderen Ausdrücke klingen ebenso wenig überzeugend wie »Unruhen«, wenn man eigentlich »Revolution« meint.

Der bei weitem am schwersten zu überwindende Fehler ist der »Ex-cathedra-Fehler« (Arroganz). Das liegt daran, daß er im Augenblick gar kein richtiger Fehler ist. Es mag tatsächlich nichts falsch sein an der Vorstellung, die mit höchster Autorität vertreten wird. Man kann den Fehler nur erkennen, wenn man dem Aufmerksamkeit schenkt, was die Autorität wegläßt. Der Fehler wird sichtbar, wenn man die Vorstellung, wie sie ist, damit vergleicht, wie sie sich entwickeln könnte, wenn die Arroganz nicht verhindern würde, daß sie sich überhaupt ändert. Doch ist es überaus schwierig, diese mögliche Auffassung jemandem zu übermitteln, der sie nicht hat. Bei dem »Ex-cathedra-Fehler« ist nicht die Vorstellung als solche falsch, sondern die Art und Weise, wie sie vertreten und anderen aufgezwungen wird.

Der Auslassungsfehler vom Typ »Desdemonas Taschentuch« (Selektivität) ist manchmal leicht und manchmal schwer zu überwinden. Gewöhnlich ist es ziemlich einfach zu zeigen, daß der Gesichtspunkt desjenigen, der den Fehler begeht, ein besonderer Gesichtspunkt ist und nur einen Teil der Situation erfaßt. Was als nächstes geschieht, hängt davon ab, wie dieser besondere Gesichtspunkt ausgewählt worden ist. War er bewußt ausgewählt worden, um etwas zu beweisen, dann wird der Betreffende daran festhalten und darauf beharren, daß es der wichtigste Gesichtspunkt sei, selbst *wenn* es noch andere Gesichtspunkte gebe. War der besondere Gesichtspunkt indes ganz arglos ausgewählt worden, dann mag der Betreffende bereit sein, die Beschränktheit dieses Gesichtspunkts zu erkennen und vielleicht sogar auf einen besseren umzuschalten. In den schwierigen Fällen besteht der erste Schritt darin, den anderen zu der Einsicht zu bringen, daß er und Sie jeweils verschiedene Aspekte der Situation im Auge haben. Sobald der andere das eingesehen hat, verschwindet der Auslassungsfehler, denn er tritt nur auf, wenn jemand lediglich einen Teil der Situation betrachtet und glaubt, das Ganze zu sehen. Wenn jemand einen Teil einer Situation sieht und zugibt, daß es nur ein Teil ist, dann gibt es keinen Fehler.

- Fehler ergeben sich unmittelbar aus der Art und Weise, wie der Verstand mit Information umgeht, sie sind nicht eine Folge von Dummheit oder Nachlässigkeit.
- Dieselben Prozesse, die den Verstand zu einem so wirkungsvollen Denkapparat machen, sind auch an den Fehlern schuld.
- Der Einbahnfehler bedeutet einfach, blindlings von einem Gedanken zu einem anderen zu gehen und alle modifizierenden Faktoren unbeachtet zu lassen.
- Maße sind das Werkzeug, das wir bewußt geschaffen haben, um mit dem Größenordnungsfehler »Sieben auf einen Streich« zu Streich zu kommen.
- Der »Doppelgänger« unterläuft sehr leicht, weil der Verstand einfach nicht alles bemerken kann, was es zu bemerken gibt.
- Der »Ex-cathedra-Fehler« (arrogant behauptetes Vorurteil) ist eher ein Fehler in der Zukunft als in der Gegenwart oder Vergangenheit.
- Der Vorurteilsfehler läßt sich erkennen, wenn man den Gedanken, wie er ist, damit vergleicht, wie er sich entwickeln könnte, wenn Arroganz nicht verhinderte, daß er sich überhaupt ändert.

- Eine Arroganzklammer hält den normalen Evolutionsprozeß auf, durch den Gedanken immer besser werden.
- Der Auslassungsfehler »Desdemonas Taschentuch« unterläuft, wenn eine auf einen Teil der Situation begründete Schlußfolgerung auf die ganze Situation angewandt wird.

---

7. DIE VIER RICHTIGEN DENKMETHODEN

Das Bedürfnis recht zu haben

Der Zweck des Denkens ist, daß es uns ermöglichen soll zu verstehen, was rings um uns vorgeht, damit wir in geeigneter Weise reagieren und auch die Lage zu unserem Vorteil ändern können. Um diesen Zweck wirkungsvoll zu erfüllen, muß uns das Denken die richtigen Lösungen liefern – wenigstens meistens. Das Bedürfnis recht zu haben scheint tatsächlich sehr viel stärker zu sein als die praktische Forderung, daß das Denken wirkungsvoll sein sollte.

Dieses starke Bedürfnis recht zu haben hängt eng mit der Persönlichkeit zusammen und scheint auf zweierlei zu beruhen:

1. auf dem angstgeborenen Bedürfnis, das Unbekannte zu verstehen um der Sicherheit willen;
2. auf dem ungemein großen Wert, den die Erziehung auf das Bedürfnis recht zu haben legt.

Das Unbekannte verstehen

In einer feindlichen Welt des Existenzkampfes muß ein Tier sofort wissen, ob ein neues fremdes Wesen unbeachtet bleiben kann, oder ob es reagieren muß auf das Neue, sei es durch Kampf, sei es durch Flucht. Bis eine zumindest ausreichende Erklärung da ist, die zwischen diesen Möglichkeiten zu entscheiden erlaubt, herrscht ein starkes Gefühl der Unsicherheit. Man könnte das Gefühl haben, daß es besser sei, etwas Neues nicht zu beachten, bis man zu einer Reaktion gezwungen ist. Dann aber könnte es zu spät sein. In der Praxis ist es außerordentlich schwierig, etwas nicht zu beachten, *ehe* es sich aufgeklärt hat. Dieses Bedürfnis nach Erklärung ist sehr stark, wenn das neue Wesen die Aufmerksamkeit auf sich zieht und nicht erst aufgespürt zu werden braucht. Und das Bedürfnis nach der richtigen Erklärung ist weit mehr als bloße Neugier oder Wißbegierde.

Sobald eine Erklärung vorliegt, scheint ein sehr starkes Bedürfnis zu bestehen, daß diese Erklärung als richtig bestätigt werde. Am Schluß jeder Vorlesung, zu der das Zylinderexperiment gehörte, war *immer* die erste Frage: »Wodurch fiel denn der schwarze Zylinder nun eigentlich um?« Das war nicht unerwartet, denn der schwarze Zylinder mag durchaus der interessanteste Teil der Vorlesung gewesen sein. Unerwartet war indes die große Entrüstung, wenn ich es ablehnte, den Mechanismus zu erklären. Zuerst lehnte ich das nur deshalb ab, weil ich nicht wollte, daß die Einzelheiten an zukünftige Hörer weitergegeben würden. Aber die Entrüstung war so groß, daß sie mich als solche zu interessieren begann. Einige Hörer versuchten, mich durch listig formulierte Fragen zur Preisgabe der Erklärung zu bringen, aber andere wurden frech und beleidigend. Einmal wurde der Vorschlag gemacht, ich solle mit Brachialgewalt am Verlassen des Raums gehindert werden, bis ich die Erklärung abgäbe. Mehrere Versuche wurden unternommen, die Tasche verschwinden zu lassen, in der ich den Zylinder verwahrt hatte. Gewöhnlich wurde der Professor, der mich zu der Vorlesung eingeladen hatte, gebeten, mir das Geheimnis zu entlocken und es dann weiterzugeben.

Der Mechanismus an sich hätte nicht mehr Interesse bieten können als ein gewöhnliches Zauberkunststück. Diejenigen, die sich überhaupt keine Erklärung ausdenken konnten, mögen ein wenig neugierig gewesen sein, wie die Sache vor sich gegangen war. Aber diejenigen, die eine sie selbst überzeugende Erklärung abgegeben hatten, hätten eigentlich zufrieden sein müssen, selbst wenn der tatsächliche Mechanismus ein anderer war. Doch schien es, als wäre gerade bei ihnen das Bedürfnis am stärksten, zu erfahren, ob sie recht gehabt hatten.

Erziehung und recht haben

Während der Erziehung wird einem dauernd eingehämmert, wie notwendig es sei, recht zu haben. Die ganze Lernmotivation beruht auf diesem Bedürfnis, recht zu haben. Wenn Sie etwas richtig machen, erkennt der Lehrer es an, lobt Sie und versieht Ihre Arbeit mit einem Häkchen. Diese Häkchen sind Ihre unmittelbare Belohnung für das Rechthaben und wirken wie die Weizenkörner, die der große amerikanische Verhaltenspsychologe B. F. Skinner verwendete, um seine Tabor-Tauben sehr schwierige Aufgaben lösen zu lassen; so brachte er sie zum Beispiel dazu, auf einem Miniaturklavier zu spielen. Nach jeder korrekten Leistung wurde die Taube sofort mit einem Weizenkorn belohnt. Im wirklichen Leben belohnt sich die Tüchtigkeit selbst. Wenn Sie ein tüchtiger Grundstücksmakler sind, verdienen Sie Geld. Wenn Sie ein tüchtiger Rechtsanwalt sind, gewinnen Sie Ihre Prozesse. Doch in der Schule fehlen die natürlichen Belohnungen für Tüchtigkeit. Statt dessen gibt es die künstlich»konkretisierte« Belohnung des Häkchens, die bedeutet, daß Sie recht haben.

Rechthaben ist aber nicht dasselbe wie Tüchtigsein, denn Rechthaben bedeutet einfach, die Dinge so zu erledigen, wie sie nach irgendeiner vorgefaßten Meinung erledigt werden sollten.

Neben der Belohnung für das Rechthaben gibt es die entsetzliche Schande, die mit dem Unrechthaben verknüpft ist. An die Stelle des prächtigen Häkchens tritt das beschämende Kreuz. Das Kreuz bedeutet, daß Sie nicht die Billigung des Lehrers finden. Das Kreuz bedeutet, daß Sie alles noch einmal versuchen müssen, und das ist langweilig. Das Kreuz bedeutet, daß Sie dumm sind. Das Kreuz bedeutet, daß andere sich Ihnen überlegen fühlen können. Das anerzogene Entsetzen vor dem Unrechthaben erzeugt das heftige Bedürfnis, recht zu haben.

Rechthaben ist ein Gefühl

Theoretisch haben Sie »recht«, wenn Ihre Vorstellung ein genaues Spiegelbild der Realität ist. Praktisch ist »Recht«-haben etwas ganz anderes.

Wenn Sie glauben, daß über einer Flamme Wasser in einem Kochtopf kochen wird, und es kocht wirklich, dann haben Sie *richtig* gedacht. Wenn Sie glauben, daß Ihre Freundin, nachdem Sie sich mit ihr gestritten haben, zu Ihnen zurückkommen wird, und sie kommt zurück, dann haben Sie *richtig* gedacht. Wenn Sie glauben, die Aktien werden steigen, und sie steigen wirklich, dann haben Sie *richtig* gedacht. Wenn Sie glauben, das nächtliche Geräusch sei nicht ein Einbrecher, sondern eine Maus in der Speisekammer, dann haben Sie richtig gedacht – wenn es wirklich eine Maus ist. In der Praxis bedeutet Denken, zu einer eindeutigen Schlußfolgerung zu gelangen, *ehe* sie nachgeprüft werden kann. Sie wollen, daß es richtig ist, was Sie über die Aktien denken, ehe sie tatsächlich steigen, denn sonst würden Sie kein Geld verdienen. Sie wollen, daß es richtig ist, was Sie über die Maus denken, ehe Sie aufstehen müssen, um nachzusehen. Sie wollen, daß es rechtzeitig richtig ist, was Sie über Ihre Freundin denken, damit Sie noch etwas unternehmen können, ehe sie mit einem anderen davonläuft.

In der Praxis hat das *richtige* Denken nichts mit der Realität zu tun. Rechthaben bedeutet, daß man *glaubt, man habe recht zu der Zeit, da man denkt.* Das ist ganz etwas anderes als eine kritische Gegenüberstellung Ihres Denkens mit der Wirklichkeit, sobald das möglich wird. Recht-haben ist das *Gefühl,* recht zu haben, denn das ist es, wonach man handelt. Wenn Sie glauben recht zu haben, und Sie haben wirklich recht, dann ist Ihr Gefühl nicht anders, als wenn Sie glauben, recht zu haben, aber in Wirklichkeit unrecht haben. Sie handeln nicht nach der Richtigkeit des Denkens, solange das Denken mit der Realität übereinstimmt. Sie handeln nach dem *Gefühl* der Richtigkeit, ob das nun der Wirklichkeit entspricht oder nicht.

Das vorige Kapitel befaßte sich mit den grundlegenden Fehlern beim Denken. Wenn man alle falschen Denkme-thoden vermeiden könnte, wäre das der beste Weg, um recht zu haben? Theoretisch könnte es so sein, aber nicht in der Praxis. In der Praxis kann man das Gefühl haben, *absolut recht zu haben,* während man gerade den schlimm-sten Fehler macht. Einen Fehler macht man niemals ab-sichtlich. Man macht einen Fehler, weil man das *Gefühl* hat, recht zu haben. Erst nachher stellt man fest, daß es ein Fehler war – oder jemand anderes weist auf den Fehler hin, aber man hört nicht zu. Wenn man alle Fehler beim Denken vermeidet, hat man nicht das Gefühl, mehr recht zu haben, als wenn man Fehler macht. In der Praxis ist das Gefühl, recht zu haben, eine sehr reale Angelegenheit. Es ist viel konkreter als das einfache Vermeiden von Fehlern oder das Vergleichen Ihrer Vorstellungen mit der Wirklich-keit.

Vier richtige Denkmethoden

In diesem Kapitel werden die vier richtigen Denkmethoden besprochen. Der menschliche Verstand bedient sich der einen oder anderen von ihnen, um zu *wissen,* daß sein Denken »richtig« genug ist, um entsprechend zu handeln oder anderen Leuten damit zu imponieren.

R 1   »Rosinenkuchen«

EMOTIONALE RICHTIGKEIT
Wenn Sie politische Zeitschriften lesen, werden Sie auf
Artikel stoßen, die einen bestimmten Standpunkt sehr
stichhaltig den entgegengesetzten Standpunkt begründen.
Eine Zeitschrift von anderer politischer Couleur wird
ebenso stichhaltig begründen. In beiden Fällen können Sie
die Stichhaltigkeit der Beweisführung von einem Punkt
zum anderen verfolgen. Hin und wieder werden Daten
angeführt, um einen Punkt zu untermauern. Das Ganze ist
wie aus einem Guß. Dann gegen Ende merken Sie plötzlich, daß die gesamte Beweisführung darauf beruht, daß
von irgendeiner Regierung behauptet wird, sie habe die
moralische Verpflichtung, dieses oder jenes zu tun.
  Der Zweck eines Rosinenkuchens sind die Rosinen in
ihm. Der Rest des Kuchens ist nur da, damit die Rosinen
einen vernünftigen Abstand voneinander haben. Der Kuchen ist sozusagen eine neutrale Grundsubstanz, in der die
Rosinen fein verteilt sind. Worauf es wirklich ankommt, das
sind die Rosinen. Die Rosinen sind kleine Bonbons. An
ihrem Wert besteht kein Zweifel. Sie schmecken gut, und
sie sind gut. Sie merken es, wenn Sie an eine Rosine
geraten, denn der Geschmack ist unverkennbar. Und
jedem anderen wird sie genauso gut schmecken.
  Bonbonwörter sind wie die Rosinen in einem Rosinenkuchen. Es besteht kein Zweifel an der Güte solcher
Wörter, denn ihr Wert liegt in ihnen und wird von jedermann akzeptiert. Die Wörter sind schon lange eingeführt,
um auf bequeme Art und Weise zu sagen: gut, richtig,
zweckmäßig, sollte getan werden. Die Reaktion auf derartige Wörter ist emotional, denn sie sind in erster Linie als
Emotionshüllen geschaffen worden. Ebenso wie der Kuchen dafür da ist, die Verbindung zwischen den Rosinen

herzustellen, so können Sie einen langen Beweis mit Logik und Daten und allem Drum und Dran antreten und sie lediglich als ein Mittel verwenden, um mit Anstand von einem Bonbonwert zu einem anderen zu gelangen mit dem Ziel, eine allgemeine emotionale Reaktion aufzubauen.
Zu solchen Bonbonwörtern gehören:

Würde
Anstand
Mut
Gerechtigkeit
Sauberkeit
Festigkeit
Entscheidung
Partnerschaft
Verantwortung

Der Wert der Beweisführung beruht unmittelbar auf den anerkannten Werten derartiger Wörter. Wenn Sie zu einem derartigen Wort kommen, reagieren Sie auf den emotionalen Beigeschmack, den die Gesellschaft dem Wort verliehen hat. Ebenso wie der Kuchen gut schmeckt, weil die Rosinen gut schmecken, klingt die Beweisführung gut, weil genug Bonbonwörter richtig hineingearbeitet worden sind. Es ist ziemlich einfach, das nachzuprüfen, indem man so tut, als sagte man »buh!«. Sie sagen »buh« und weigern sich, den Geschmack dieser Bonbonwörter anzuerkennen, und plötzlich merken Sie, daß die Beweisführung zusammenbricht. Sie können zur Partnerschaft »buh« sagen und sie verschleierte Ausbeutung nennen. Sie können zum Mut »buh« sagen und ihn Verzichtlertum nennen. Wenn Sie das mit Erfolg tun, scheint das Denken plötzlich nicht mehr richtig zu sein, obwohl die Logik und die Daten nicht angerührt wurden.

Außer diesen bejahenden Bonbonwörtern, die so gut schmecken, gibt es andere, die ebenso schlecht schmecken wie Backpulverklümpchen in einem Kuchen. Das Verfahren ist das gleiche. Sie werfen die fiesen Wörter ein, und schon scheinen Ihre Vorstellungen von irgend etwas richtig zu sein – Sie stellen fest, daß Sie hassen, was Sie hassen sollten. Zu Wörtern dieser Art gehören:

schwach
unverantwortlich
schwankend
verschlagen
unanständig
Opportunist
Gauner
aggressiv

Gefühl im Magen

Es ist durchaus korrekt, wenn Sie Wörter verwenden, die als emotionale Schlüssel wirken, um die Gefühle aufzuschließen, die Sie brauchen. Immerhin ist Denken nur ein Fortschreiten von einer Vorstellung zu einer anderen, um zu zeigen, wie etwas, das *ein* Ding zu sein scheint, in Wirklichkeit auch auf andere Weise betrachtet werden kann. So ist es korrekt, wenn Sie sich von einem derartigen Wort zu einem anderen einen Weg bahnen, wenn Sie jemanden dazu bringen wollen, die Situation auf eine neue Weise zu betrachten. Oft beruht indes das Gefühl der emotionalen Richtigkeit nicht auf derlei Wörtern, sondern ist nichts anderes als jenes »Gefühl in der Magengegend«, daß etwas gut oder schlecht ist.

Es könnte gesagt werden, der einzige Zweck des geistigen Probierens sei, schließlich zu einem Punkt zu gelangen, an dem es einem schmeckt oder nicht schmeckt, an dem man auf eine eindeutige positive oder negative Weise reagieren kann. Jede lange politische Diskussion soll mit dem wohligen Behagen enden, das Sie dazu treibt, für diesen Mann zu stimmen und nicht für seinen Gegner. Manchmal hat man den Eindruck, der ganze geistige Aufwand sei überflüssig, da dieses innere Gefühl ja immer da sei. Doch wird dabei gewöhnlich übersehen, daß das innere Gefühl, das so unmittelbar zu sein scheint, in Wirklichkeit ausgelöst wird durch die Wahl eines bestimmten Wortes oder Gedankengangs. Das innere Gefühl sorgt für die Brisanz einer Bombe, aber der Zielwurf wird vom Verstand gesteuert. Das Bild eines zierlichen, hübschen Mädchens in der Zeitung wird wahrscheinlich das innere Gefühl erwekken, daß ein so zartes Geschöpf nicht des Mordes angeklagt werden sollte. Eine leichte Änderung des Aufnahmewinkels kann das Mädchen als blutsaugerischen Vampir oder als Hexe zeigen. Geistiges Hin- und Herwenden ist wie der Aufnahmewinkel, denn es stellt die Dinge auf die beste Weise dar, um eine bestimmte innere Reaktion hervorzulocken.

Das »Gefühl in der Magengrube« mag als ein recht unsicherer Boden erscheinen, wenn wir beweisen wollen, daß etwas, das wir denken, richtig ist. Schließlich soll uns das Denken von der Herrschaft unausgegorener innerer Gefühle befreien. Doch wenn der Mensch die Früchte seines Denkens ausnützen will, kann es kein besseres Kriterium für die Richtigkeit geben – denn seine Emotionen werden das Ergebnis des Denkens ertragen müssen. Emotionale Richtigkeit ist eine durchaus stichhaltige Art und Weise, um zu beweisen, daß ein Gedankengang richtig ist. In der Praxis ist sie der am häufigsten angewandte Mechanismus für das Rechthaben. Allerdings gibt es einschneidende Einschränkungen.

Einschränkungen
1. Die Geltungsdauer der inneren Gefühle ist wahrscheinlich die kürzestmögliche. Wenn man sich der emotiona-

len Richtigkeit bedient, ist es schwierig, über etwas Unangenehmes hinauszusehen, um dahinter etwas Angenehmes zu entdecken. So mag man das Gefühl haben, daß es richtig sei, von der Schule abzugehen und seine Jugend am Strand zu genießen. Würde man ein längeres Zeitmaß anlegen, könnte man vielleicht erkennen, daß zukünftige Genüsse von den Interessen und der Erwerbsfähigkeit abhängen, die man auf der Schule erlangt.

Dieses kurze Zeitmaß ist eine sehr einschneidende Einschränkung, denn eines der Hauptziele des Denkens ist es, uns von der Beherrschung durch unmittelbare Reaktionen zu befreien, damit wir das, was später geschehen wird, vorausdenken können.

2. Eine weitere Einschränkung der emotionalen Richtigkeit besteht darin, daß die Vorstellungen, die sie untermauert, im Widerspruch stehen können zu den Interessen anderer. Da jeder Emotionen hat, hat jeder das Recht auf seine eigene emotionale Richtigkeit im Denken. Das auf emotionale Richtigkeit gegründete Denken ist nur für diejenigen *richtig,* deren Emotionen in derselben Richtung verlaufen. Und es ist sinnlos, den Versuch zu unternehmen, diese Richtigkeit anderen aufzuzwingen.

Zusammenfassung

Emotionale Richtigkeit tritt auf, wenn ein Gedankengang jene Emotion auslöst, die wir in bezug auf etwas gerne haben möchten. Es mag sein, daß der Gedankengang den Emotionen entspricht, die wir in bezug auf einen Gegenstand schon haben. Oder es mag auch sein, daß wir uns einfach über die Emotionen freuen, die durch den Gedankengang hervorgerufen werden.

LOGISCHE RICHTIGKEIT

Ein Mann, der im Verdacht steht, einen bewaffneten Überfall begangen zu haben, wird von Kriminalbeamten gründlich verhört. Sie haben keine wirklichen Anhaltspunkte, hoffen aber, bei der Geschichte des Mannes innere Widersprüche zu entdecken. Wenn er zuerst behauptet, gleich nach dem Fußballspiel sei er direkt ins Wirtshaus gegangen und den ganzen Abend dort geblieben, aber später weder zu bestätigen noch zu bestreiten vermag, ob dort eine Schlägerei im Gange war, dann deutet dieser innere Widerspruch darauf hin, daß seine Geschichte falsch ist. Wenn seine Geschichte andererseits tadellos zusammenpaßt, dann wird sie als richtig angesehen, obwohl sie tatsächlich von A bis Z erfunden sein kann. Es kommt nur darauf an, daß die Stücke gut zusammenpassen und keinen Widerspruch aufweisen – aber nicht darauf, daß sie der Wirklichkeit entsprechen.

Bei einem Puzzlespiel kommt es darauf an, daß sich jedes Stück tadellos in die Nachbarstücke einfügt. Die tatsächliche Form eines jeden Stücks ist gar nicht wichtig. Wenn zum Schluß alle Stücke tadellos passen, dann können Sie sicher sein, daß Sie das vollständige Bild haben. Genauso ist es mit der logischen Richtigkeit. Logische Richtigkeit besteht, wenn jedes Stück tadellos zu den anderen paßt, und dann können Sie sicher sein, daß zu guter Letzt auch das ganze Bild tadellos ist.

Bei einem Puzzlespiel legen Sie ein Stück nach dem anderen hin, und Sie brauchen nur dafür zu sorgen, daß jeder Schritt *richtig* ist. Genau das müssen Sie tun, um logisch richtig zu denken: sich vergewissern, daß jeder Schritt richtig ist. Sie dürfen keinen einzigen Fehler machen, sonst gerät das ganze Bild durcheinander. Der große

Vorteil dieses Verfahrens ist, daß Sie Schritt für Schritt zu Schlußfolgerungen gelangen können, die direkt nachzuprüfen ganz unmöglich wäre, aber Sie wissen, daß sie korrekt sind, denn Sie haben sie auf einem korrekten Weg erreicht. Sie können zu solchen Schlußfolgerungen gelangen, ehe Sie die Versuch-und-Irrtum-Methode anwenden, und sogar wenn Versuche und Irrtümer gar nicht gemacht werden können. Wenn jeder Ihrer Schritte richtig ist, dann müssen auch Ihre Schlußfolgerungen richtig sein. Es ist, wie wenn sich zwei Spione an einem fremden Ort verabreden. Der eine kommt als erster. Selbst wenn der andere Spion nicht erscheint, weiß er, daß er am richtigen Ort ist, denn er hat alle Anweisungen genau befolgt.

Komisch geformte Stücke

Bei einem Puzzlespiel sind die einzelnen Teile nicht regelmäßig geformt, sondern haben komisch gebogene und gezackte Formen. Das ist nicht überraschend, denn ein Puzzlespiel wird so hergestellt, daß ein Bild auf eine dünne Sperrholzplatte aufgeklebt und diese dann beliebig zerschnitten wird. Wie komisch die Formen auch immer sind, sie müssen zusammenpassen, denn sie stammen von demselben Stück.

Bei der logischen Richtigkeit hat sich die Betonung völlig von der Art der Teile auf die gute Paßform verschoben. Die Teile sind benannte Begriffe (wie Freiheit, Tisch, Regierung, Kabeljau usw.), aber wichtig ist die logische Art und Weise, wie sie erwiesenermaßen zusammenpassen. Die ganze geistige Tradition des Westens beruht auf logischer Richtigkeit. Allein auf die gute Paßform kommt es an. Es ist besser, ein paar seltsam geformte Teile zu haben, die tadellos zusammenpassen, als zweckmäßig geformte Teile, bei denen es große Lücken gibt, wenn man sie zusammenfügt. Das ist der Grund, warum die klassische Philosophie so wenig Bedeutung für das tägliche Leben hat. (Ob Sie ein »transzendentales Ich« haben oder nicht, Sie bekommen keinen Rabatt, wenn Sie Eier kaufen.)

Diese ausschließliche Betonung der guten Paßform oder logischen Richtigkeit bedeutet, daß in der Wissenschaft allzuoft die Form den Sieg über den Inhalt davonträgt. Wenn man klassische Philosophie liest, sieht man sich gewaltig komplizierten Systemen gegenüber, die prächtig ausgearbeitet sind, so daß sich jedes Stück nahtlos dem nächsten anfügt. Die Stichhaltigkeit der ganzen Geschichte beruht einzig und allein auf dieser guten Paßform.

Wählen Sie Ihre Stücke selbst

Weil logische Richtigkeit oder gute Paßform automatisch bedeutet, daß man »richtig« denkt, kann man die absonderlichsten Systeme aufbauen, die dennoch »richtig« sind, wenn sich nachweisen läßt, daß alle Teile säuberlich zusammenpassen. Ein Paranoiker hat ein zusammenpassendes, logisch folgerichtiges Weltbild, das zeigt, daß er von allen verfolgt wird. Verschiedene religiöse Sekten haben logisch folgerichtige Vorstellungen vom Sinn des Lebens. Astrologie ist ein logisch folgerichtiges Bild der Astrologie. Alchimie ist ein logisch folgerichtiges Bild der Alchimie.

Wenn Sie mit einer Laubsäge ein Puzzlespiel ausschneiden, bestimmen Sie selbst, wie Sie das Bild zuerst einmal zerlegen wollen. Wenn Sie dann die einzelnen Teile zusammensetzen, damit sie das vollständige Bild ergeben, und alle Teile wirklich passen, dann schreien Sie trotzdem »Juchhe!«. Oft ist es mit logisch folgerichtigen Systemen genauso. Das Bild der Welt wird auf besondere Weise zerlegt. Dieses Zerlegen ist die Art und Weise, wie wir die Dinge betrachten, es sind die benannten Begriffe, die wir verwenden. Dann fügen Sie diese Teile zusammen. Plötzlich merken Sie, daß alle Teile passen. Das bedeutet, daß

Ihr System wohlbegründet ist. Und das ist es auch. Aber es ist nicht das einzig stichhaltige. Es ist nicht stichhaltiger als jede andere Art und Weise, die Dinge zu zerteilen und dann wieder zusammenzufügen. Die Teile, die Sie in Ihrem System haben, sind nur innerhalb dieses Systems richtig. Sie können von Ihren komisch geformten Teilen nicht annehmen, daß sie eine eigene innere Stichhaltigkeit besitzen, und versuchen, sie anderswo zu verwenden, genausowenig wie Sie versuchen können, mit den Teilen Ihres Puzzlespiels ein anderes Puzzlespiel zusammenzusetzen.

Stellen Sie sich einen Eskimo-Iglu vor. Wenn Sie an Häuser weiter im Süden denken, könnten Sie sagen, der Iglu bestehe aus einem kuppelförmigen Dach, das auf runden Wänden ruht. Sie hätten durchaus recht, denn das Dach und die Wände passen zusammen und ergeben den vollständigen Iglu. Das würde sofort die Stichhaltigkeit Ihrer Entscheidung, daß Dach und Wände die Grundbegriffe seien, beweisen. Doch jemand anderes könnte daherkommen und sagen, das sei Unsinn, denn der Iglu bestehe natürlich aus konzentrischen Ringen, die übereinandergelegt werden, wobei jeder Ring kleiner ist als der, auf dem er ruht. Er würde ein Modell anfertigen und zeigen, wie solche Ringe tatsächlich aufeinanderpassen und eine Igluform ergeben. Dann würde ein Dritter kommen und über all diese Theorien lachen. Er würde darauf hinweisen, daß der Iglu einfach die sichtbare Hälfte einer vollständigen Kugel sei, deren zweite Hälfte im Schnee verborgen ist.

Die Teile passend machen

Wenn Sie ein Puzzlespiel ausschneiden, wollen Sie vielleicht, daß ein bestimmter Teil des Bildes (z.B. ein Gesicht) auf einem Stück für sich ist. In ähnlicher Weise könnte man bei der Aufstellung logischer Systeme mit einigen Teilen von bestimmter Form beginnen. Diese fixierten Teile sind die Grundvorstellungen, um die herum man andere Teile anordnet, so daß das Ganze zusammenpaßt und die logische Richtigkeit ergibt. So baute Freud sein System um die Grundvorstellung auf, daß die Sexualität der Haupttrieb des menschlichen Verhaltens sei. Da es den betreffenden Leuten oft nicht richtig erschien, ihr Verhalten sexuell zu erklären, mußte ein Teil konstruiert werden, der »Abwehr« genannt wurde. Dieser Begriff »Abwehr« zeigte an, daß jemand es ablehnen könnte, die sexuelle Erklärung zu akzeptieren, eben weil sie richtig war. Das bedeutet, daß eine Erklärung richtig war, wenn sie akzeptiert wurde, und daß sie ebenfalls richtig war, wenn sie abgelehnt wurde. Durch diesen Mechanismus entstehen logisch folgerichtige und unumstößliche Mythen. Damit soll nicht gesagt sein, daß solche Mythen falsch seien, sondern nur, daß der Mechanismus der logischen Richtigkeit leicht Systeme aufbauen kann, die unumstößlich sind, ob sie nun falsch oder richtig sind.

Dieser Prozeß, die Teile passend zu machen, ist natürlich die Grundlage der *nützlichsten* Art des menschlichen Denkens. Gewisse Begriffe setzen sich allmählich infolge gemeinsamer Erfahrung durch. Das sind die benannten Begriffe, die ihre Nützlichkeit erweisen (Nahrung, Schmerz, Liebe). Bei dem Versuch, diese vorgefertigten Teile zusammenzufügen, schiebt man sie auf alle mögliche Weise hin und her und bildet sogar besondere Verbindungsglieder, bis alle Teile zu einem Ganzen zusammengefügt werden können.

Die Gefahr liegt darin, daß die gute Paßform überhaupt nicht dazu beiträgt, den Grundbegriff stichhaltig zu machen. Überdies kann die Auswahl eines Ausgangsgrundbegriffs das ganze System bestimmen. Zum Beispiel wählte die westliche Philosophie die Bedeutung des »Selbst« zum Grundbegriff und entwickelte ein System, zu dem Lohn/

Strafe, Schuld/Tugend usw. gehörten, die das Selbst leiten sollten. Die östliche Philosophie dagegen wählte die »Natur« zum Grundbegriff, und damit wurde das Selbst zu einer besonderen Zugabe zur Natur. Das Selbst wurde also nicht länger von einem Zug-Druck-System geleitet, sondern aufgefordert, in Einklang mit der Natur zu bleiben.

In der Psychologie haben wir den vernünftigen Begriff des Gedächtnisses, in dem wir die von uns gesammelte Information speichern. Dadurch, daß die Psychologie diesen Begriff Gedächtnis akzeptiert, legt sie sich unmittelbar auf einen bestimmten Systemtyp fest. Sobald es einen Gedächtnisspeicher gibt, muß es auch eine »Datenverarbeitungsanlage« geben, die das Gespeicherte verwendet. Und die Tätigkeit des Verwendens nennen wir »erinnern«. Das ist ein schlaues kleines System, aber es kann verhindern, daß wir den Verstand als ein sehr andersartiges Informationssystem ansehen. Es gibt noch viele andere vernünftige Begriffe, die die Psychologie behindern. »Motivation« ist ein weiterer, denn er läßt auf etwas schließen, das vor dem Handeln geschieht, während es tatsächlich geschehen kann, nachdem das Handeln im Geist schon stattgefunden hat.

Wenn die falschen Teile genommen werden

Wenn man eine bestimmte Form eines Teils wählt, kann das, wie oben erwähnt, die Form anderer Teile bestimmen. Doch kann es auch zu Schwierigkeiten führen, wenn man Teile zusammenfügt, die zwar zusammenpassen, aber eine falsche Lösung ergeben.

Überlegen Sie sich die beiden folgenden Aufgaben:

a) Eine kleine Schüssel Öl und eine kleine Schüssel Essig werden nebeneinandergestellt. Sie nehmen einen Löffel voll Öl und verrühren ihn leicht in der Essigschüssel.

126

Dann nehmen Sie einen Löffel von dieser Mischung und geben sie zurück in die Ölschüssel. Welche der beiden Schüsseln ist stärker verunreinigt?

Die logische Beweisführung geht etwa folgendermaßen: Ein Löffel reines Öl kommt in die Essigschüssel, aber ein Löffel einer unbekannten Mischung kommt in die Ölschüssel (wenn die Mischung auch unbekannt ist, *muß* sie doch weniger als reiner Essig sein). Deshalb ist die Essigschüssel stärker verunreinigt, denn in sie kam mehr Öl als Essig in die Ölschüssel.

b) Der Häuptling braucht in seinem Stamm mehr Krieger, die seine Kriege führen. Deshalb erläßt er einen Befehl, daß eine Frau, sobald sie ein Mädchen geboren hat, keine weiteren Kinder haben darf. Führt das zum gewünschten Ergebnis?

Die logische Beweisführung geht etwa folgendermaßen: Es wird Familien geben, die einen Sohn, zwei Söhne, drei Söhne, vier Söhne, fünf Söhne usw. haben. Aber keine Familie wird jemals mehr als eine Tochter haben. Und es wird auch nicht mehr Familien mit einem Mädchen als Familien mit mehreren Jungen geben, da ein Junge ebenso wahrscheinlich als erster geboren wird wie ein Mädchen. Es muß also mehr Jungen als Mädchen geben.

Beide Lösungen scheinen völlig logisch zu sein, weil die Gedanken zusammenpassen. Beide sind aber *vollkommen falsch*. Am besten tüftelt man selbst heraus, warum sie falsch sind, um die Gefahren der logischen Richtigkeit zu erkennen.

Einschränkungen

Im großen und ganzen ist logische Richtigkeit die wirksamste und nützlichste Form des Rechthabens. Auf sie sind die Errungenschaften der Menschheit zurückzuführen. Dennoch gibt es einige Gefahren:

1. Die logische Richtigkeit beruht nicht auf der Stichhaltigkeit des Grundgedankens, sondern auf der Art und Weise, wie die Gedanken zusammengefügt sind. Unrichtige Grundgedanken erhalten den Anstrich von Richtigkeit, weil sie sich in ein logisches Gebäude einfügen lassen. Die Grundvorstellung, daß Krankheit durch zuviel Blut verursacht werde, führte zum Beispiel ganz logisch zum Aderlaß, der noch bis vor kurzem in der Medizin allgemein gebräuchlich war.
2. Wie unanfechtbar die logische Folgerichtigkeit auch sein mag, die Schlußfolgerungen können niemals stichhaltiger sein als die Begriffe, mit denen man beginnt.
3. Ein gewitzter Mensch kann dadurch, daß er die von ihm ausgewählten Grundgedanken geschickt und auf logische Weise zusammenfügt, so gut wie alles beweisen. Politische Theorien sind gewöhnlich logische Konstruktionen, die ausgewählte und fragwürdige Grundgedanken zusammenfassen.
4. Gerade wenn eine logische Konstruktion eine ausgezeichnete Paßform hat, kann das bedeuten, daß ein paar unrichtige Grundvorstellungen die Form des Ganzen beeinflussen. Zum Beispiel hat der Begriff Schuld die westliche Psychiatrie stark beeinflußt.
5. Die logische Richtigkeit läßt Arroganz aufkommen und eine Überzeugtheit von der absoluten Richtigkeit eines bestimmten Gedankengangs. Diese absolute Richtigkeit bedeutet, daß die Schlußfolgerungen anderen aufgezwungen werden sollen, die diese absolute Richtigkeit noch nicht selbst begriffen haben. Die logische Richtigkeit ist in Wirklichkeit beschränkt auf ein ausgewähltes System mit ausgewählten Grundbegriffen, die auf stichhaltige Weise miteinander verknüpft sind. Die Begriffe und die Richtigkeit gelten nur innerhalb des einen Systems und sind nicht übertragbar. Doch die Arroganz,

die mit der logischen Richtigkeit einhergeht, ermutigt einen, die Schlußfolgerungen auf jedes andere System zu übertragen.

6. Bei jedem Schritt recht zu haben, ist das A und O der logischen Richtigkeit. Doch dieses Beharren darauf, bei jedem Schritt recht zu haben, ist ein sehr großes Hindernis für die Kreativität, denn zur Kreativität gehört, daß man an manchen Stellen unrecht hat, um zu einer vollständig neuen Idee zu gelangen (das ist in Kapitel 11: »Kreativität« ausführlicher behandelt).

Im allgemeinen kann man zusammenfassend sagen, die Haupteinschränkungen der logischen Richtigkeit sind die Arroganz, die sie hervorbringt, und die nicht vorhandene Einsicht, daß die gute logische Paßform auf die in Frage kommenden einzelnen Grundgedanken beschränkt ist und nicht einmal diese stichhaltig macht.

R 3 »Dorfschönheit«

ALLEINIGE RICHTIGKEIT
Wenn Sie Ihr ganzes Leben in einem abgelegenen Dorf verbracht haben, dann muß die Dorfschönheit das bezauberndste Mädchen der Welt für Sie sein, denn Sie können sich nichts Hübscheres vorstellen.

Die ganze Wissenschaft beruht auf diesem Dorfschönheitseffekt. Ein anderer Name für den Effekt ist »konkurrenzlose oder einmalige Richtigkeit«. Die Dorfschönheit hat keine Nebenbuhlerin, denn die Dörfler können sich nicht vorstellen, daß eine andere so schön, geschweige denn noch schöner ist. Sie ist einmalig. Keine andere kommt ihr gleich. Alle Huldigungen gelten ihr. Wenn nun ein Wissenschaftler sich keine Erklärung vorstellen kann, die zu den Daten so gut passen würde wie diejenige, die er hat, dann ist er überzeugt von der einmaligen Richtigkeit seiner Erklärung. Die Erklärung ist eine Dorfschönheit geworden. Das allerdings sagt sich der Wissenschaftler nicht. Er sagt sich, die Richtigkeit seiner Erklärung sei ausschließlich eine Folge davon, daß sie mit allen Fakten übereinstimmt. Doch in Wirklichkeit ergibt sich die Richtigkeit aus der Einmaligkeit der Erklärungen.

Wenn es zwei rivalisierende Erklärungen gäbe, die beide allen Fakten entsprechen, dann wäre ein Wissenschaftler mit keiner von ihnen glücklich. Er würde weitere Versuche anstellen, um mehr Daten zu erhalten, in der Hoffnung, daß diese mehr für die eine als für die andere Erklärung sprechen und ihm damit die einmalige Richtigkeit bieten, die er braucht. Zwei Erklärungen, die zu den Daten gleichermaßen gut passen, sind sehr nützlich, aber kein Wissenschaftler gäbe sich damit zufrieden, daß eine von ihnen richtig sein muß. Wie schon erwähnt, bot Einsteins Weltbild eine Alternativerklärung zu dem allgemein anerkannten Newtonschen Weltbild. Kein Wissenschaftler konnte sicher sein, daß einer von beiden recht hatte, bis sich eine Gelegenheit ergab, einen Versuch anzustellen, der zeigte, daß Einsteins Erklärung die einzig richtige war, weil sie *alle* Fakten erklärte. Heute gibt es mehrere Alternativmethoden über die Entstehung des Weltalls (Urknall usw.), und die Astronomen forschen unermüdlich nach solchen Tatsachen, die eine dieser Erklärungen zur einzig richtigen machen.

In der Wissenschaft – wie auch anderswo – wird durch die Unfähigkeit, eine Alternativerklärung vorzulegen, die Richtigkeit der vorhandenen Erklärung *bewiesen*. Wenn es nur eine einzige Erklärung gibt, wird sie als die richtige angesehen. Wenn ein rothaariger Mann bei einem Banküberfall gesehen wurde und eine Woche später ein rothaariger Mann in einem Restaurant mit einer der markierten

Banknoten bezahlt, die in der Bank gestohlen wurden, dann scheint die alleinige Erklärung zu sein, daß er der Bankräuber ist. Erst wenn Ihre *Phantasie* die Alternativerklärung hervorbringt, daß sich der wirkliche Räuber vielleicht absichtlich eine Perücke aufsetzte und absichtlich die gezeichnete Banknote einem rothaarigen Mann zuspielte, dann verringert sich plötzlich die einmalige Richtigkeit der ersten Erklärung.

De Bonos zweites Gesetz
Es scheint auf der Hand zu liegen, daß eine Erklärung für die einzig richtige gehalten wird, wenn keine andere Erklärung greifbar ist. Doch ist das ein sehr fundamentaler Prozeß, der das menschliche Denken seit eh und je beeinflußt hat. Die eine mögliche Erklärung ist immer als die einzig mögliche Erklärung angesehen worden. Geradezu erschreckend ist, daß ein Gedanke, der *an sich* absolut richtig erscheint, tatsächlich nur deshalb richtig ist, weil wir nicht genug Phantasie haben, um uns eine Alternative auszudenken. Auf den ersten Blick ist das so offenkundig, daß es leicht übersehen und vergessen wird. Darum bin ich der Meinung, daß es mit einem besonderen Etikett versehen und *betont* werden muß:

Das zweite De-Bono-Gesetz: »Ein Beweis ist oft nicht mehr als Mangel an Phantasie beim Ersinnen einer Alternativerklärung.«

Die Einsicht, daß ein Beweis nicht allein die Folge davon ist, daß die Erklärung zu den Fakten paßt, sondern auch die Folge einer dürftigen Phantasie sein kann, ist unerhört wichtig.

Es ergibt sich daraus dreierlei:

1. Es genügt nicht, daß Wissenschaftler exakt sind und mit sorgfältiger Logik an ihren Unterlagen arbeiten. Sie

müssen außerdem phantasievoll und schöpferisch sein. Denn die Kreativität bringt Alternativerklärungen zutage, die die Wahrheit einer herrschenden Lehre in Frage stellen und damit zu neuen Versuchen anregen können.

2. Keine Erklärung kann in ihrer Richtigkeit absolut sein, da es unmöglich ist, eine Alternativerklärung nur deshalb auszuschließen, weil weder Ihnen noch anderen eine einfallen will – momentan jedenfalls!

3.Phantasielose Menschen sind ganz besonders überzeugt von ihren Schlußfolgerungen.

Wenn man das Gesetz in etwas schärferer Form ausdrückt: »Gewißheit entspringt nur einer dürftigen Phantasie«, dann kann man deutlich sehen, wie sich die Betonung von der Stichhaltigkeit eines Beweises an sich auf die dürftige Phantasie verlagert, die keine Alternativerklärung zu liefern vermag.

Inexakte Wissenschaften

In den exakten Wissenschaften wie Physik und Chemie kann man einen Versuch ansetzen, um eine Theorie nachzuprüfen. In den inexakten Wissenschaften (Soziologie, Anthropologie, Psychologie, Politikwissenschaft, Volkswirtschaftslehre usw.) ist es oft schwierig oder unmöglich, Versuche durchzuführen. Statt auf ein planvoll angesetztes Experiment muß man sich auf sorgfältige Beobachtung verlassen. Mißlich ist, wenn mit einer Beobachtung eine Hypothese nachgeprüft werden soll, die sich aus der Beobachtung ergeben hat, daß diese Hypothese dann die Beobachtung auf selektive Weise lenkt, so daß man zu guter Letzt das sieht, was man sehen will. Diese Gefahr wird noch vergrößert, weil die inexakten Wissenschaften Gebiete sind, auf denen man es entsetzlich eilig hat, mit

Theorien und Erklärungen herauszukommen, weil diese unmittelbar praktische Anwendung finden (Soziologie, Volkswirtschaftslehre usw.). Die Folge davon ist, daß sich das zweite De-Bono-Gesetz in diesen inexakten Wissenschaften in einem erschreckenden Ausmaß bemerkbar macht. Der Beweis bestimmter Theorien ist oft nicht mehr als ein Mangel an Phantasie bei der Aufstellung einer Alternativerklärung für die beobachteten Fakten.

In Mexiko hatte ein Archäologe an einem Berghang einige riesige, vollkommen runde Steinkugeln gefunden. Er hatte schon anderswo gemeißelte Steinkugeln gesehen, und die künstliche Rundheit dieser neuen Kugeln legte sofort den Gedanken nahe, daß sie von einer alten Kultur für irgendwelche geheimnisvollen rituellen Zwecke hergestellt worden seien. Seine Phantasie konnte keine Alternativerklärung hervorbringen. Zum Glück hatte er einen Freund, der Geologe war und ihm bewies, daß diese großen Kugeln sich in erkaltender Lava gebildet hatten. Sobald diese neue Erklärung aufgetaucht war, stellte sich heraus, daß die gegebenen Fakten (Zahl der Kugeln, Verteilung – mehrere waren noch in Lava eingebettet) besser zu ihr paßten als die archäologischen.

Natürlich handelt der Forscher in den »weichen« Wissenschaften (wie jeder andere auch) völlig korrekt, wenn er die Erklärung vorlegt, die ihm richtig erscheint, weil sie die einmalige Richtigkeit besitzt. Der Ärger geht los, wenn diese Erklärungen dann von anderen aufgegriffen werden, die annehmen, sie beruhen auf einem exakteren Beweis als schlichtem Mangel an Phantasie. Auch besteht die Gefahr, daß der Wissenschaftler, der sich mit einem zuerst nur vorläufig gefaßten Gedanken (bis ein anderer eine bessere Erklärung liefert) persönlich identifiziert, alle Alternativerklärungen energisch zurückweist, um seine Stellung zu halten.

Außerhalb der Wissenschaft

Da sich die alleinige Richtigkeit in der Wissenschaft bemerkbar macht, ist es kaum überraschend, daß sie auf nichtwissenschaftlichem Gebiet in noch stärkerem Maße spürbar wird. Aus einer Reihe möglicher Erklärungen können Sie unschwer die beste auswählen. Aber Sie haben keine Alternativerklärungen, sofern sie Ihnen nicht gegeben werden oder Sie sie nicht selbst entwickelt haben. Wenn Sie keine Alternativerklärungen zu entwickeln vermögen, dann können sie nicht umhin anzunehmen, daß Ihre einzige Erklärung die einzig richtige sei. So ging es Othello, der nicht umhin konnte, die einzige Erklärung, die er sich vorstellen konnte, zu glauben und Desdemona zu erwürgen.

Leider können Sie sich nie dessen bewußt sein, was in Ihrem Bewußtsein fehlt. Wenn Sie sich keine Alternative vorstellen können, ist es außerdem sehr schwierig, an die Möglichkeit einer Alternativerklärung zu *glauben*. Das Beste, was man tun kann, ist vielleicht, wider alle Vernunft und sogar rechthaberisch prinzipiell an die Möglichkeiten von Alternativen und an einen ausgedehnteren Wahlbereich zu glauben, selbst wenn man sich gegenwärtig keine Alternativen vorzustellen vermag. Zumindest kommt man auf diese Weise anderen Erklärungen näher und ist weniger starr auf die einzige Erklärung fixiert, die man hat. Die andere Möglichkeit ist, seine Fähigkeit zur Entwicklung von Alternativen zu verbessern, indem man lernt, lateral zu denken.

Einschränkungen

Emotionale Richtigkeit (R 1) und logische Richtigkeit (R 2) besitzen beide echte Stichhaltigkeit. Emotionale Richtigkeit ist gegeben, wenn der Gedankengang mit dem übereinstimmt, was man in bezug auf den Gegenstand empfindet. Logische Richtigkeit ist gegeben, wenn die Glieder der Gedankenkette zusammenpassen. Doch alleinige Richtigkeit (R 3) hat keine echte Stichhaltigkeit. Allerdings ist sie von großem praktischem Nutzen. Man muß die Erklärung verwenden, die man hat. Man kann nicht dasitzen und vor Aufregung zittern, weil man weiß, daß es bessere Erklärungen gibt, sie sich aber noch nicht vorstellen kann. Wie bei den anderen Arten von Richtigkeit gibt es auch hier Einschränkungen:

1. Was in Wirklichkeit mangels einer besseren nur eine vorläufige Erklärung ist, kann rasch eine rechthaberische Gewißheit werden. Diese Gewißheit scheint auf etwas zu beruhen, das sehr viel stichhaltiger ist als ein schlichter Mangel an Phantasie. Das wird wahrscheinlich insbesondere dann der Fall sein, wenn der Gedanke dem Urheber abgenommen und von einem zum anderen weitergereicht wird, wobei der Gedanke bei jedem Wechsel etwas von seiner Vorläufigkeit verliert.

2. Da jemand nur sicher sein kann recht zu haben, wenn es nur eine einzige Erklärung gibt, wird er sich sehr bemühen, Alternativerklärungen zu entkräften, um sein Gefühl von Richtigkeit zu stärken. Das ist alleinige Richtigkeit, die nicht durch den Mangel an Phantasie herbeigeführt wird, sondern durch das Entkräften von Alternativen. Dieser Widerlegungsversuch kann stattfinden, wenn das wenige vorhandene Beweismaterial zu allen Alternativerklärungen gleich gut paßt.

3. Das Gefühl, daß es nur *eine* wahre Erklärung geben könne, führt zu einer Weigerung, Alternativerklärungen zu akzeptieren, die einfach eine andere Betrachtungsweise derselben Sache sind. Das ist, wie wenn jemand darauf beharrt, daß die einzig mögliche Ansicht eines Hauses die Straßenseite ist.

RICHTIGKEIT DES ERKENNENS

Dem Kind läuft die Nase, und es hat Fieber. Es fühlt sich schlecht und ist reizbar. Schließlich zeigt sich ein fleckiger Ausschlag. Der Arzt wird gerufen. Er streift das Kind mit einem Blick, und schon steht seine Diagnose fest: Masern.

Der Arzt diagnostiziert Masern, weil er sicher ist, daß er die Sachlage erkennt. Die Diagnose beruht auf seinem Gefühl der »Richtigkeit des Erkennens«. Er sieht sich die verschiedenen Symptome und Anzeichen an und findet, daß sie zusammen das Masernbild ergeben. Er hat das Gefühl, mit seiner Diagnose recht zu haben. Der Name »Masern« bedeutet einfach, daß das Bild so vertraut und so allgemein anerkannt ist, daß es einen Namen bekommen hat. Sobald der Arzt die Sachlage erkennt, kann er sie mit dem Namen Masern belegen. Sobald er diesen Namen hat, weiß er, was als nächstes geschehen wird (mögliche Komplikationen, Heilung der Krankheit usw.), und er weiß auch, wie die Krankheit behandelt werden muß.

Diagnose bedeutet, daß eine bestimmte Kombination von Anzeichen (Ausschlag, Fieber, Laufnase, Kontakt mit anderen Masernkranken) eine Tür mit Namen Masern aufschließt. Ein Sicherheitsschlüssel hat Einkerbungen in einem bestimmten Muster. Wenn dieser Schlüssel in ein Zylinderschloß mit entsprechenden Stiften gesteckt und umgedreht wird, springt die Tür auf. Tatsächlich »erkennt« die Tür den Schlüssel. Es ist der »richtige« Schlüssel. Das ist Richtigkeit des Erkennens.

Damit diese Richtigkeit des Erkennens zustande kommt, muß es ein Schloß geben, in das der Schlüssel paßt. Das bedeutet, es muß sich im Geist des Arztes das Krankheitsbild Masern festgesetzt haben. Dieses geistige Bild ist vermutlich durch medizinische Lehrbücher, die praktische

Ausbildung – wobei ein Lehrer am Krankenbett auf die kennzeichnenden Merkmale hinwies – und durch Erfahrung aufgebaut worden. Zuerst wird ein junger Arzt wohl eine Art Kontrolliste durchgegangen sein, ehe er sicher sein konnte, daß seine Maserndiagnose richtig ist: er wird den fleckigen Ausschlag, die Laufnase, die entzündeten Augen, die Ansteckungsmöglichkeiten usw. im Geist abgehakt haben. Wenn er immer noch nicht sicher wäre, könnte er einige Versuche anstellen, zum Beispiel eine Blutprobe entnehmen, die entweder die Masern bestätigt oder eine andere mögliche Krankheit ausschließt. Die ganze Zeit versucht er, das geistige Bild der Masern mit dem Bild in Einklang zu bringen, das der Patient bietet. Sobald das klappt, hat er die »Richtigkeit des Erkennens«.

Im Botanikunterricht werden ganze Stunden mit dem Bestimmen von wilden Blumen und anderen Pflanzen zugebracht. Sie zählen die Blätter und Blütenblätter und sehen sich die Form der Staubgefäße an. Schließlich merken Sie, daß die Kombination von Merkmalen einen bestimmten lateinischen Namen aufschließt, und voll Stolz und mit dem Gefühl der Richtigkeit des Erkennens belegen Sie das Exemplar mit diesem Namen. In der Botanik ist dieses Erkennen das *Ziel* Ihrer Bemühungen. In Situationen des wirklichen Lebens ist es nur der *Anfang,* denn die Bestandsaufnahme aller bestimmenden Merkmale einer Situation hat den Sinn, daß Sie nun wissen, was Sie als nächstes zu tun haben.

Richtigkeit des Erkennens ist sehr wichtig, denn sie ist tatsächlich die Grundlage alles Tuns. Sobald Sie eine Sachlage erkennen, können Sie die richtigen Schritte unternehmen, genau wie ein Arzt, wenn er eine Krankheit diagnostiziert. Wenn Sie eine Sachlage nicht erkennen können, müssen Sie versuchen, sie zu verstehen. Das bedeutet, sie auf andere Weise zu betrachten oder sie in einfachere Teile zu zerlegen, bis Sie schließlich zu etwas gelangen, das Sie erkennen können. Verstehen ist einfach das Streben nach Richtigkeit des Erkennens.

Sofortiges Erkennen

Der junge Arzt erkennt Masern, indem er die einzelnen Symptome abhakt, ebenso wie ein Botanikschüler die Merkmale der Pflanze abhakt, die er bestimmen will. Doch der erfahrene Arzt hat das Zimmer kaum betreten, da verkündet er: »Masern« in einer ganz entschiedenen und überlegenen Weise, die durchblicken läßt, daß jeder blutige Laie die Krankheit hätte erkennen können, ohne den studierten Mediziner bemühen zu müssen. Das Gesicht eines Freundes erkennen Sie sofort, ohne alle Merkmale abhaken zu müssen. Doch wenn Sie wollen, daß jemand anders Ihren Freund am Flughafen abholt, dann müssen Sie die Merkmale aufzählen: Stirnglatze, Kartoffelnase, blitzblaue Augen usw.

Mühsam erlangtes Erkennen

Wenn das Erkennen nicht sofort vor sich geht, muß man sich darum bemühen. Wenn Sie nicht sofort den Mechanismus erkennen können, der den schwarzen Zylinder zum Umfallen bringt, möchten Sie ihn vielleicht in die Hand nehmen, ihn schütteln, horchen, ob man etwas hört, versuchen, ihn aufzuschrauben usw., um mehr Merkmale herauszufinden, auf die Sie Ihr Erkennen gründen können. Ärztliche Untersuchungen und wissenschaftliche Experimente sind Versuche, mehr Merkmale ans Licht zu bringen, die auf eine Lösung hinweisen, eine Lösung bestätigen, die Wahl unter verschiedenen Lösungen ermöglichen oder eine Lösung ausschließen.

Nachdem Sie sich eine Weile um das Erkennen bemüht haben, kommt Ihnen zu guter Letzt ein Gedanke, der zu allen von Ihnen gefundenen Merkmalen paßt. Das beweist noch nicht, daß Ihr Gedanke richtig ist. Es bedeutet, daß Sie einige Merkmale gefunden haben, die gewöhnlich einen bestimmten Namen erhalten, und nun wollen Sie diesen Namen anwenden und das tun, was daraus folgt. Das schließt nicht aus, daß jemand anders unterschiedliche Merkmale herausgreift und zu einem anderen Schluß gelangt, so wie vielleicht der eine Doktor Masern diagnostiziert und ein anderer daherkommt, und sein Befund lautet auf Scharlach.

Genug

Richtigkeit des Erkennens bedeutet, so viele passende Merkmale zu haben, daß man von der Richtigkeit seiner Diagnose überzeugt ist. Sie wollen nun vielleicht selbst nach der Diagnose handeln oder (wenn Sie Politiker sind) andere Menschen von der Richtigkeit Ihrer Diagnose überzeugen. Wenn Sie andere Menschen überzeugen wollen, dann zählen Sie alle Merkmale auf, die Sie in dem vorliegenden Tatsachenmaterial entdeckt haben und die mit der Diagnose, die Sie anbieten wollen, übereinstimmen. Wollen Sie zum Beispiel beweisen, daß ein Regime totalitär ist, dann könnten Sie aufzählen: keine Pressefreiheit, keine Oppositionspartei, Gefängnishaft ohne Gerichtsverfahren, eingeschränkte Freizügigkeit usw. Einige der Merkmale könnten ein Teil der *Definition* der Diagnose sein (z.B. Erdbeeren bei einer Erdbeertorte), während andere Merkmale gewöhnlich als Begleitsymptome aufzufassen sind. Wenn Sie ein Masernvirus isolierten, träfen Sie damit einen Bestandteil der Maserndefinition, aber ein leichter Ausschlag und eine Laufnase wären lediglich zusätzliche Indikationen.

Wenn Sie tatsächlich sämtliche Merkmale aufzählen, die zur Definition gehören, können Sie natürlich sicher sein, daß Ihr Erkennen absolut richtig ist. Aber in der Praxis bringt man nur gerade so viele Merkmale zusammen, daß man das Gefühl hat, das Erkennen sei richtig – das ist die Richtigkeit des Erkennens. Deswegen kann es sein, daß Sie zwar das Gefühl der Richtigkeit des Erkennens haben, Ihnen aber ein »Doppelgänger« (F 3: Mißdeutungsfehler) unterläuft, wie er in einem früheren Kapitel beschrieben wurde.

Einschränkungen

Bei der Richtigkeit des Erkennens gibt es verschiedene *Grade* von Richtigkeit. Sie können Ihrer Diagnose sicher sein, sehr sicher, gewiß, absolut gewiß. Es mag sein, daß Sie in manchen Fällen sicher sind und in anderen nur mutmaßen können. Richtigkeit des Erkennens ist eine sehr praktische Sache. Es mag sein, daß Sie handeln müssen, ohne in der Lage zu sein, alle Merkmale zu überprüfen, die Sie gern überprüfen würden, weil sie entweder nicht erhältlich sind oder Sie in Eile handeln müssen (etwa bei einer Bluttransfusion am Unfallort). Es gibt eine Reihe von Einschränkungen bei der Richtigkeit des Erkennens:

1. Das Gefühl der Richtigkeit oder Gewißheit steht in einem fast reziproken Verhältnis zur Genauigkeit des Erkennens. Wer sich des Erkennens sicher ist und sich nicht die Mühe macht, weitere Merkmale zusammenzutragen, kann leicht einen Fehler begehen. Wer andererseits unschlüssig ist und noch weitere Merkmale zusammenträgt, nähert sich einer immer genaueren Lösung.
2. Selbst wenn Ihre Richtigkeit des Erkennens auf der Überprüfung einer ganzen Reihe von Merkmalen beruht, können Sie niemals sicher sein, ob Sie nicht, wenn Sie noch ein paar mehr überprüfen, Ihre Diagnose völlig würden umstoßen müssen.

3. Es mag sein, daß Sie die Merkmale, die eine bestimmte Diagnose einer Sachlage ermöglichen, wirklich bemerken, aber ein anderer mag imstande sein, derselben Sachlage andere Merkmale zu entnehmen, die eine andere Diagnose ergeben. Zum Beispiel könnte jemand das Regime, das Sie faschistisch nennen, als demokratisch bezeichnen. Diese Gefahr ist schlimm genug, wenn Sie die Sachlage überprüfen können und einen aufgeschlossenen Sinn haben. Sie ist schlimmer, wenn Sie mit einer Diagnose beginnen, die Sie gern anwenden würden. Es ist fast unmöglich, eine genaue Diagnose zu stellen, wenn Sie die Sachlage nicht überprüfen können, sondern sich auf Merkmale verlassen müssen, die jemand anderes für Sie herausgepickt hat, zum Beispiel ein Journalist.

4. Die Namen oder Muster der Diagnose müssen schon vorher bestanden haben, sonst gibt es nichts zu erkennen. Wenn Sie nur eine begrenzte Zahl von feststehenden Diagnosen haben, werden Sie jede Sachlage als die eine oder andere von ihnen erkennen. Früher wurden mehrere Hautkrankheiten unter dem Begriff »Lepra« zusammengefaßt, für die wir seitdem unterschiedliche Krankheitsbilder und -bezeichnungen eingeführt haben. Ebenso ist es, wenn Sie lediglich zwei politische Kategorien haben, rechts und links; dann werden Sie nur »erkennen«, daß Leute in die eine dieser beiden Kategorien gehören.

5. Sie müssen sicher sein, daß der Name der Diagnose, den Sie verwenden, für andere Menschen dieselbe Bedeutung hat. Zum Beispiel wird in den anderen europäischen Ländern viel mit »Loorbeer«-Blättern gekocht. Doch in England ist das »Loorbeer«-Blatt überaus giftig. Nicht die Verdauungsorgane sind unterschiedlich, sondern zwei verschiedene Blätter haben dieselbe Bezeich-

nung. Was ein Börsenspekulant eine Baisse nennen würde (also eine Abschwächung der starken Preissteigerungen, die er gern hätte), könnte ein gewöhnlicher Kapitalanleger eine vernünftige Kapitalaufwertung nennen.

6. Um Ihrer Diagnose sicher zu sein, müssen Sie andere Diagnosen ausschließen, die ihr ziemlich nahekommen. So würde der Arzt, wenn er Masern diagnostiziert, Röteln, Scharlach, allergische Hautausschläge usw. ausschließen. Aber wenn Sie von diesen anderen Möglichkeiten nicht schon etwas *wissen* (oder sie Ihnen im Moment nicht einfallen), dann wären Sie sicher in bezug auf eine Diagnose, die tatsächlich falsch sein könnte. Es wäre ein schlimmer Fehler, Scharlach, bei dem ein bestimmtes Antibiotikum nötig ist, wie Masern zu behandeln, bei denen dieses Mittel nicht nötig ist. Diese Gefahr liegt hier genauso nahe wie bei der alleinigen Richtigkeit.

7. Selbst wenn Ihre Richtigkeit des Erkennens völlig korrekt ist, besagt das nicht mehr, als daß die Sachlage, der Sie sich gegenübersehen, dem benannten und vertrauten Bild in Ihrer Vorstellung entspricht. Richtigkeit des Erkennens beweist keineswegs, daß das vorgegebene Bild an sich richtig ist. Wenn Sie vorgegebene Bilder von »Imperialist«, »Hippie«, »Kommunist« oder »Intellektueller« haben, dann vermögen Sie diese Bilder vielleicht mühelos anzuwenden, aber dadurch wird Ihre Vorstellung darüber, was diese Schlagwörter bedeuten, nicht stichhaltiger. Wenn Sie jede Flasche Tomatenketchup eine gefährliche Waffe nennen wollen, dann besitzen Sie tatsächlich jedesmal Richtigkeit des Erkennens, wenn Sie eine Flasche Tomatenketchup eine gefährliche Waffe nennen. Und Sie werden recht haben, wenn Sie in ein Restaurant gehen und es voller gefährlicher Waffen

finden. Aber Sie werden nicht bewiesen haben, daß eine Flasche Tomatenketchup eine gefährliche Waffe ist.

– Sobald eine Erklärung vorgelegt worden ist, scheint ein sehr starkes Bedürfnis zu bestehen, diese Erklärung als richtig bestätigt zu bekommen.

– Rechthaben ist das Gefühl, recht zu haben, denn danach handelt man.

– Bei der logischen Richtigkeit hat sich der Nachdruck völlig vom Wesen der Teile auf ihre gute Paßform verlagert.

– Der Mechanismus der logischen Richtigkeit kann leicht Systeme aufbauen, die nicht zu erschüttern sind, seien sie nun richtig oder falsch.

– In der Wissenschaft – wie auch anderswo – *beweist* die Unfähigkeit, eine Alternativerklärung zu liefern, die Richtigkeit der vorhandenen Erklärung.

– Das Schlimme ist, daß man sich nie dessen bewußt sein kann, was einem im Bewußtsein fehlt.

– Richtigkeit des Erkennens ist sehr wichtig, weil sie tatsächlich die Grundlage alles Tuns ist.

---

8. Das ja/nein-System

Unser wichtigstes Denkwerkzeug ist zweifellos das NEIN-Instrument. NEIN ist ein äußerst wirksames Werkzeug. Mit diesem Werkzeug können wir anzeigen, daß eine in unserem Verstand zusammengestellte Gedankenanordnung aus einem von drei Gründen nicht zulässig ist:

1. wenn die Gedanken nicht richtig zusammenpassen,
2. wenn die Gedankenanordnung der Erfahrung widerspricht,
3. wenn uns die Gedanken einfach nicht gefallen.

Nachdem wir zu diesem Schluß gekommen sind, ist der nächste Schritt, die Gedanken zu verwerfen. NEIN bietet uns ein leistungsfähiges Ablehnungswerkzeug. Sobald man ein Ablehnungswerkzeug hat, hat man automatisch ein *Auswahl*werkzeug, denn was nicht abgelehnt wird, wird damit akzeptiert. Eine Auswahlvorrichtung ist eines der beiden fundamentalsten Erfordernisse für jedes informationsverarbeitende System (das andere ist eine »Änderungs«-Vorrichtung).

Als abstrakter logischer Begriff würde NEIN nicht viel nützen, aber es kommt auf sehr praktische Weise tagtäglich zur Anwendung, weil es mit physischen Empfindungen verknüpft ist.

1. Durch Übung im Gebrauch von NEIN wird Angst aufgebaut. Wenn ein Kind etwas Unrechtes tut, erhält es einen Klaps und hört gleichzeitig NEIN. In der Schule führt ein Fehler zu einem NEIN und zur Mißbilligung des Lehrers. NEIN führt eher zu einer emotionalen Reaktion und bleibt keine neutrale Aussage.
2. NEIN beruht auch auf einer natürlichen »Paßt nicht«-

Reaktion, die auftritt, wenn etwas anders ist, als es – soweit wir wissen – sein sollte. Diese Reaktion ist etwas sehr Reales, und manchen Leuten würde es geradezu den Magen umdrehen, wenn sie ein Päckchen Karten durchblättern und auf eine Herzacht stoßen, die schwarz statt rot ist. Als Denkwerkzeug ist NEIN so wirkungsvoll und so sehr ein Bestandteil unseres Lebens, daß wir es als selbstverständlich ansehen und für einen natürlichen Teil des Denkens halten. Doch auf seine Weise ist NEIN eine künstliche und sogar ziemlich sonderbare Informationseinrichtung für ein biologisches System. Es sind Denk- und Sprachsysteme möglich, die eine andere Grundlage haben. Aber NEIN ist die Einrichtung, die wir erwählt und entwickelt haben.

Die vier verschiedenen richtigen Denkmethoden, die im vorigen Kapitel aufgezählt wurden, sind sämtlich Stellungen, die mit der NEIN-Vorrichtung nicht angegriffen werden können. Emotionale Richtigkeit (R 1) bedeutet, daß ein Gedanke eine bestimmte emotionale Reaktion hervorruft, die diesen Gedanken stützt – es kann nie bestritten werden, daß das der Fall ist, wenn es so ist. Sie können nicht jemandem sagen, daß der Anblick eines hungernden Kindes ihn nicht aufrege, wenn er ihn nun einmal empörend findet. Logische Stichhaltigkeit (R 2) bedeutet, daß die Gedanken zusammenpassen oder daß sich einer aus dem anderen in unwiderlegbarer Weise ergibt. Wenn Sie von allen Krustentieren Ausschlag bekommen und eine Garnele ein Krustentier ist, dann können Sie nicht bestreiten, daß Sie von einer Garnele Ausschlag bekommen. Alleinige Richtigkeit (R 3) bedeutet, daß die einzige Erklärung, die zu den Fakten paßt, richtig sein muß. Das kann unmöglich bestritten werden, sofern Sie nicht eine Alternativerklärung vorbringen, die zumindest ebenso gut ist. Sie können nicht bestreiten, daß die Sonne die Erde umkreist, bis Ihnen der Alternativgedanke kommt, daß vielleicht die Erde die Sonne umkreist. Richtigkeit des Erkennens (R 4) bedeutet, daß Sie eine Sachlage erkannt haben. Sie haben recht mit Ihrem Erkennen, bis ein anderer daherkommt und nachweist, daß irgendein Merkmal *nicht* paßt. Kurz und gut, wenn Sie verhindern können, daß jemand das NEIN anwendet, um Ihr Denken anzugreifen, dann müssen Sie recht haben.

Einschränkungen
Das JA/NEIN-System hat gewaltige Vorteile (praktische Anwendbarkeit, Schnelligkeit, Eindeutigkeit, folgerichtiger Aufbau usw.) doch gibt es Einschränkungen, die manchmal übersehen werden.

1. Angemessen ist ausreichend
Wenn Sie eine Problemlösung vorlegen und die Antwort NEIN erhalten, dann bedeutet es, daß Ihre Lösung nicht brauchbar ist. In der Praxis bedeutet es: »Bieten Sie weitere Lösungen an, bis Sie eine haben, die nicht mit NEIN widerlegt werden kann.« Wenn Sie eine Antwort auf eine Frage geben und Ihnen mit NEIN erwidert wird, dann bedeutet das auch, daß Sie *weitermachen* und andere Antworten finden müssen.

Es ist, wie wenn Sie falsch abbiegen – das Sackgassenschild sagt Ihnen dann, daß Sie umkehren und es auf einem anderen Weg versuchen müssen.

Doch sobald Sie eine Lösung oder eine Antwort finden, die nicht mit NEIN widerlegt werden kann, dann hört Ihre Bemühung auf, und Sie versuchen es nicht weiter. Wenn Sie zu einer angemessenen Antwort gelangt sind, wird es unmöglich, NEIN als eine Antriebsvorrichtung zu verwenden, um weiterzudenken.

Aber hinter den angemessenen oder ausreichenden Antworten kann es Antworten geben, die viel besser sind – *wenn man nur nach ihnen forschte.* Aber die NEIN-Einrichtung nützt einem nicht, wenn es darum geht über die angemessene Antwort hinaus vorzustoßen.

2. Daueretikettierung

NEIN wird als ein Werkzeug verwendet, um *einen* Gedankengang zu versperren, so daß man *andere* Wege erforschen kann. NEIN wird während des Denkens angewandt. Aber ebenso, wie ein einmal verurteilter Verbrecher all sein Lebtag als Verbrecher abgestempelt bleibt, kann ein einmal durch NEIN abgelehnter Gedanke auf die Dauer als unmöglich abgestempelt bleiben. Selbst wenn sich die Umstände ändern und der einmal abgelehnte Gedanke brauchbar wird, ist es schwierig, das NEIN-Etikett zu entfernen und den Gedanken noch einmal in Betracht zu ziehen.

Floatglas als Idee wurde zu Anfang des Jahrhunderts energisch abgelehnt. Das war einem Forscher offenbar unbekannt, der die Idee noch einmal überdachte und so erfolgreich von ihr Gebrauch machte, daß sie überall in der Welt heute als Hauptherstellungsverfahren für Flachglas akzeptiert worden ist.

Ideen bauen aufeinander auf. Die Beständigkeit des NEIN-Etiketts kann bedeuten, daß eine heutige Vorstellung sich auf eine ursprüngliche Ablehnung gründet, die seinerzeit gerechtfertigt war, es jetzt aber nicht mehr ist. So beruhten viele religiöse Speisetabus auf vernünftigen hygienischen Prinzipien: zum Beispiel kann Schweinefleisch ein ausgesprochen gefährliches Nahrungsmittel sein, weil es in einem heißen Klima rasch verdirbt und auch viele Parasiten beherbergt. Aber da es in fortschrittlichen Ländern Kühlschränke und Fleischbeschau gibt, ist diese Ablehnungsgrundlage nicht mehr stichhaltig.

3. Scharfe Polarisierung

Das JA/NEIN-System stellt gleichsam eine Wasserscheide dar zwischen dem, was abgelehnt wird, und dem, was akzeptiert wird. Etwas ist entweder richtig oder falsch. Es ist durchaus möglich, eine fein eingeteilte Skala vorzusehen, die von absolut richtig am einen Ende bis zu absolut falsch am anderen reicht. Zum Beispiel: absolut richtig; paßt besser zu den Fakten als alles andere; wahrscheinlich richtig; möglicherweise richtig; zweifelhaft; sieht nicht richtig aus; erscheint falsch; auf den ersten Blick falsch; falsch; gewiß falsch; sofort verwerfen; absolut falsch. Man könnte noch andere Stufen auf dieser Skala vorsehen. Die Sprache könnte mit einer Skala dieser Art zurechtkommen, aber in der Praxis wird sie selten angewandt, weil das Denken die äußersten Enden der Skala vorzieht: ein eindeutiges JA oder ein eindeutiges NEIN. Das ergibt sich ganz natürlich. Wenn etwas abgelehnt werden kann, dann wollen Sie nicht Zeit damit verschwenden, noch weiter darüber nachzudenken, deshalb verwerfen Sie es. Wenn etwas akzeptabel ist, dann müssen Sie danach handeln, und wenn Sie schon danach handeln wollen, dann können Sie auch genausogut überzeugt sein, daß es absolut richtig ist, denn Sie schätzen keine halben Maßnahmen oder halbe Entscheidungen.

Ein Fischer sortiert seinen Fang in zwei Körbe. In den mit der Kennzeichnung »Zum Verkauf auf dem Markt« legt er die besten Fische. In den anderen Korb »Für die Katzen in der Nachbarschaft« legt er Fische, die beschädigt oder verdorben sind. Auf diese Weise landen einige recht gute Fische bei den ganz schlechten Fischen im Katzenkorb, während einige nicht so gute Fische in den Marktkorb geraten. Hätte der Fischer einen dritten Korb mit der Aufschrift »Zweifelhaft«, »Für die Familie« oder »Nochmal überprüfen«, dann würden in diesen Korb die Fische kommen, die entweder nicht gut genug sind, um voll akzeptiert zu werden, oder nicht schlecht genug, um ganz abgelehnt zu werden. Theoretisch haben wir solche Zwischenkörbe (Wörter wie »vielleicht«, »möglich«, »unwahrscheinlich«), aber in der Praxis verwenden wir sie beim Denken nicht genug. Wir halten sie für angreifbar und wirkungslos und ziehen es vor, mit eindeutigen Begriffen zu arbeiten, selbst wenn die Dinge, mit denen wir es zu tun haben, nicht eindeutig sind.

Diese Vorliebe für scharfe Trennungen bedeutet, daß wir sehr »scharfkantige« Begriffe haben. Entweder etwas fällt unter den Begriff oder nicht. Wir sagen nicht, eine Katze sei eine Art Hund, oder ein Hund sei eine Art Katze. Wir sagen, eine Katze ist eindeutig eine Katze und bestimmt kein Hund – und umgekehrt. Wenn Sie Katze und Hund als ähnlich betrachten wollen, dann müssen Sie beide »Tiere« nennen. Aber in der Praxis hebt die Möglichkeit, sie beide als Tiere zu bezeichnen, die scharfe Trennung zwischen Katze und Hund nicht auf. Die beiden Begriffe gibt es immer noch. Und man neigt dazu, eher diese Begriffe anzuwenden als den Begriff »Tier«, weil man immer nach dem präzisesten Begriff strebt. Wenn man Weiße und Schwarze gleichermaßen »Menschen« nennt, dann hebt das den deutlich sichtbaren Unterschied nicht so gut auf wie eine fein nuancierte Farbskala, die viele Mischungsgrade umfaßt wie etwa bei den Brasilianern.

4. Arroganz der Selbstgerechtigkeit
Die Arroganz der Selbstgerechtigkeit, wahrscheinlich der gefährlichste Fehler beim menschlichen Denken, ergibt sich unmittelbar aus dem JA/NEIN-System.

Die Arroganz des Rechthabens

»Der Zylinder *muß* etwas enthalten, das den Schwerpunkt im Lauf von etwa 20 Minuten verschiebt.«

»Der Gegenstand würde erst umfallen, wenn sich der Schwerpunkt jenseits der Basisperipherie befindet. Das war nicht zu sehen. Deshalb *muß* der Gegenstand von unten hochgedrückt worden sein.«

»Die Basis des schwarzen Zylinders hatte eine derartige Krümmung, daß er *unweigerlich* nach einiger Zeit umfallen mußte.«

»Zug von der Tür – *bestimmt* ist das ein Hauptgrund.«

»Der einzige Faktor, der sein Verhalten beeinflußte (außer den unsichtbaren, eingebauten Mechanismen), war Temperatur. Sie *muß* etwas innerhalb des schweren Zylinders veranlaßt haben, nach oben zu steigen und das Gleichgewicht zu stören.«

»Es gibt *nur* zwei Möglichkeiten: entweder eine Änderung der Gewichtsverteilung im Zylinder selbst oder eine Änderung der Zylinderbasis.«

Da die Hörer während des Experiments keine Gelegenheit hatten, den schwarzen Zylinder zu untersuchen, hätte man erwarten können, daß Erklärungen sehr zaghaft abgegeben werden. Doch bei vielen finden sich Ausdrücke wie »muß sein«, »der einzige Faktor« oder »die einzige Erklärung«. Als wir uns über den Zylinder unterhielten, waren die Aussagen noch rechthaberischer. Es war, als ob die Leute nach einem stabilen Fundament strebten, auf dem sie aufbauen konnten, und zuerst einmal dieser Stabilität sicher sein mußten.

Von dieser Sicherheit gab es gewöhnlich zwei Arten. Die eine war vom Typ alleinige Richtigkeit. Hier wird eine Erklärung einfach deshalb als die einzig mögliche Erklärung angeboten, weil der Hörer sich keine andere ausdenken kann. Bei einem der oben angeführten Beispiele war Temperatur der einzige Faktor außerhalb des Zylinders. Andere Hörer schlugen Geräusch, Wind, Schwingungen, Geschosse usw. vor. Das letzte Beispiel erklärt, es gebe

»nur zwei Möglichkeiten«, läßt aber die Möglichkeit, daß der Zylinder einseitig »schrumpfen« und deshalb umfallen könnte, aus.

Der zweite Typ von Gewißheit beruht auf logischer Richtigkeit. In dem zweiten der obenerwähnten Beispiele wird der Schluß gezogen, der Zylinder müsse von unten hochgedrückt worden sein. Doch gibt es noch viele andere Möglichkeiten – die Basis hätte nachgeben oder ein Klebemittel sich lösen können, das einen im Grunde instabilen Zylinder aufrecht hielt, selbst wenn man die beiden ersten Stufen der Beweisführung wirklich akzeptierte. Und selbst diese beiden Stufen könnten falsch sein, denn unter gewissen Umständen hätte ein plötzlich gegen die Seite des Zylinders geschleudertes schweres Gewicht ihn umwerfen können. Zu dieser Hypothese gelangte in logischer Konsequenz ein anderer Hörer: »Eine seitliche Kraft ist erforderlich, um den Zylinder umzuwerfen. Da auf die Außenwand des Zylinders keine seitliche Kraft einwirkte, muß sie im Inneren gewirkt haben. Also muß ein Gewicht an einer zusammengedrückten Feder plötzlich freigegeben und gegen die gegenüberliegende Wand des Zylinders geschleudert worden sein. Jedenfalls war es so ein ähnlicher Mechanismus.«

Gegen diese logische Konsequenz ist nichts einzuwenden, doch die Schlußfolgerung, daß der Zylinder durch eine »seitliche Kraft« umgeworfen worden sein muß, die innen gegen die Zylinderwand stieß, läßt eine ganze Menge anderer Möglichkeiten aus, zum Beispiel das Wegsacken eines Teils der Zylinderbasis usw.

Gedanken mit Vorfahrt
Logische Konsequenz ist eine feine Sache, solange sie nicht zu weit geht. Aber über das vernunftgemäße Zusammenfügen von Grundgedanken, die schon vorhanden sind, geht

sie nicht hinaus. Die Gefahr liegt darin, daß die vortreffliche Art und Weise, wie diese Grundgedanken zusammengefügt werden, ein arrogantes Gefühl von Selbstgerechtigkeit entstehen läßt. Schlimmer ist, daß, sobald dieses Gefühl von Selbstgerechtigkeit da ist, keine weiteren Anstrengungen unternommen werden, andere mögliche Gedanken zu erforschen. Das bedeutet, daß nun zur logischen Richtigkeit noch die alleinige Richtigkeit (R 3) hinzukommt. Es ist interessant, daß bei dem Zylinderexperiment nur jeder zehnte Hörer meinte, es könne noch eine Alternativerklärung zu der von ihm vorgelegten geben.

Die geistige Tradition beruht auf arroganter Selbstgerechtigkeit

Immer hat die geistige Tradition des Westens weitgehend auf arroganter Selbstgerechtigkeit beruht. Nach ihrer Grundvorstellung ist es möglich, daß man absolut recht hat und diese Art von Richtigkeit durch logische Konsequenz erreicht.

Seit eh und je haben die Philosophen auf der absoluten Richtigkeit der auf diese Weise erlangten Schlußfolgerungen beharrt. Es wird dann angenommen, daß die absolute und zwangsläufige Richtigkeit derartiger Schlußfolgerungen es *unnötig* mache, sich nach anderen Möglichkeiten umzuschauen – und daß sie außerdem eine solide Basis für das Handeln abgebe. Sobald man diese absolute Richtigkeit oder »Wahrheit« erlangt habe, sei es überflüssig, sich mit anderen Gedanken abzugeben, denn mit ihnen könne man bestenfalls genauso weit kommen.

Die Hauptschwäche dieser geistigen Tradition ist, daß sie zwar auf logischer Richtigkeit (R 2) zu beruhen scheint, in Wirklichkeit aber auf alleiniger Richtigkeit (R 4) beruht. Die Entwicklung einer bestimmten Gruppe von Grundbegriffen und ihre geschickte Einfügung in ein logisches Gedankengebäude erwecken den Eindruck, als seien das die einzig möglichen Begriffe. Grundbegriffe wie »Selbst«, »Ursache und Wirkung« und »Zeit« scheinen eine absolute Stichhaltigkeit zu besitzen, und dennoch beruhen Sie nur auf alleiniger Richtigkeit (weil wir noch keine anderen Begriffe entwickelt haben, um diese Dinge auf andere Weise zu betrachten). Jeder, der Versuche im Denken angestellt hat, ist unweigerlich beeindruckt von der herrischen Arroganz, die aus einer logischen Folgerichtigkeit entspringt. Es ist unmöglich, in solchen Fällen darauf hinzuweisen, daß die Richtigkeit der Schlußfolgerung sich auf die bestimmten Begriffe beschränkt, die zuerst einmal verwendet wurden. Es geschieht nur zu leicht, daß man mit einer Mutmaßung beginnt und dann glaubt, sie sei bewiesen durch die Eleganz, wie mit ihr jongliert wird.

Arten der Arroganz
In ihrer extremen Form kann sich die Arroganz der absoluten Selbstgerechtigkeit auf vielerlei Weise offenbaren. Drei der üblichsten Formen seien hier aufgeführt:

1. Keine Alternativen
Es gibt nur eine mögliche Betrachtungsweise der Dinge. Diese Betrachtungsweise ist so richtig und so einzigartig, daß man sich nicht die Mühe macht, nach anderen Wegen zu suchen, und sie sogar als falsch abtun kann, auch ohne sie geprüft zu haben.

2. Keine Änderung
Eine bestimmte Vorstellung ist so vollkommen, daß sie über Änderungen oder Verbesserungen erhaben ist.

3. Kein Entrinnen
Der Gedanke ist so absolut richtig, daß sich jeder zu ihm durcharbeiten muß. Wenn der Gedanke nicht akzeptiert

wird, kann es nur an Ignoranz, Dummheit oder bösem Willen liegen.

Arroganz, Effektivität und Fanatismus

Blinder Glaube an die absolute Richtigkeit eines Gedankens ist die bei weitem wirkungsvollste Grundlage für das Handeln. Diese Glaubensarroganz verschafft einem vier Vorteile:

1. ein eindeutiges Kriterium für die Beurteilung von Handlungsweisen, so daß die beste ausgewählt werden kann;
2. Befreiung von der Notwendigkeit, andere Standpunkte zu berücksichtigen, geschweige denn nach ihnen zu forschen;
3. das Recht, anderen Menschen einen bestimmten Standpunkt aufzuzwingen;
4. Gründe für das Handeln auch gegen die widerstreitenden persönlichen Interessen. Die Effektivität des blinden Fanatismus kann man bei politischen Führern, religiösen Führern, militärischen Führern, Wirtschaftsführern usw. sehen. Heute (wie zu jeder anderen Zeit) ist die Politik der Linken ebenso von absoluter Arroganz gekennzeichnet wie die der Rechten, und jede Seite beklagt sich über diese Eigenschaft der anderen Seite – womit beide recht haben.

Es ist nur recht und billig, wenn man feststellt, daß ebenso, wie das schlimmste Verhalten des Menschen gegenüber seinen Mitmenschen eine Folge von Arroganz ist, auch seine größten Errungenschaften oft auf Arroganz von derselben Art zurückzuführen waren. In der Wissenschaft sind Fortschritte oft aufgehalten worden durch eine arrogante Weigerung, einen neuen Standpunkt in Betracht zu ziehen, und dennoch ist durch einen arroganten Glauben (der bis zur Eigenbrötelei gehen konnte) an einem neuen Gesichtspunkt, den alle anderen mißbilligten, oft ein Fortschritt erzielt worden.

Es braucht kaum erwähnt zu werden, daß arrogante Selbstgerechtigkeit und Gewißheit mit der Stichhaltigkeit der vorgelegten Gedanken überhaupt nichts zu tun haben. Man kann sich der lächerlichsten Vorstellung in arroganter Weise sicher sein. Eins der Hauptmerkmale des Irreseins ist eine unerschütterliche Gewißheit in bezug auf Vorstellungen, die allen anderen Leuten verrückt erscheinen.

Auch hat Arroganz nicht viel mit der Zahl von Menschen zu tun, die den Gedanken vertreten. Das Verhältnis ist fast umgekehrt. Wenn eine große Zahl von Menschen einen Gedanken vertritt, dann mildern die unterschiedlichen Ausdrucksweisen die Arroganz. Doch wenn nur wenige Menschen den Gedanken vertreten, dann läutert der Zusammenhalt dieser Gruppe den Gedanken, und dieser Prozeß wird überdies gefördert durch die Opposition von Außenstehenden. Nichts verschlimmert die Arroganz, mit der ein Gedanke vertreten wird, mehr als parteiliche Zustimmung.

Ein Gedanke, der widersinnig erschien, solange man ihn von außen betrachtete, erscheint höchst vernünftig, wenn man ihn in seinem logischen Kontext innerhalb des Systems sieht.

Arroganz und Dummheit

Der Kern der Dummheit ist nicht Unfähigkeit zu denken oder Mangel an Wissen, sondern ist die Gewißheit, mit der Gedanken vertreten werden. Diese Gewißheit, die leicht bis zur Arroganz gehen kann, beruht auf der alleinigen Richtigkeit (de Bonos zweites Gesetz: Beweis ist oft nicht mehr als Mangel an Phantasie). Das platte Fehlen von Alternativen läßt den einzigen Standpunkt absolut richtig erscheinen. Wenn dieser einzige Standpunkt zufällig auch noch emotionale Richtigkeit besitzt, wird er mit um so mehr Gewißheit vertreten. Ich möchte sogar behaupten, daß jemand, der nicht arrogant zu sein vermag, auch nicht dumm sein kann. Vielleicht ist das etwas, dem die Erziehung einmal nachgehen sollte.

Gerechtfertigte Arroganz

Obwohl das Gefühl der absoluten Richtigkeit charakteristisch ist für das menschliche Denken, ist es nur in einem Fall gerechtfertigt, und zwar wenn man innerhalb eines *geschlossenen Systems* denkt. Ein geschlossenes System besteht dann, wenn man damit beginnt, gewisse Axiome aufzustellen. Die Ableitungen, die dann aus diesen Begriffen gezogen werden, sind innerhalb dieses künstlichen Systems absolut richtig.

Die Mathematik ist ein gutes Beispiel für ein geschlossenes System. Sie beginnen damit, daß Sie beschließen, zwei Apfelsinen »zwei« zu nennen und zwei Gruppen von zwei Apfelsinen »vier«. Dann können Sie feststellen, daß zwei plus zwei vier ist oder daß zweimal zwei vier ist. Dessen können Sie absolut sicher sein, denn Sie selbst haben ja das System aufgestellt, und alles, was sich daraus ergibt, ist enthalten in dem, was Sie einmal festgesetzt haben.

Sobald man sich innerhalb eines geschlossenen Systems befindet, ist man gerechtfertigt, wenn man in bezug auf seine Schlußfolgerungen arrogant ist, vorausgesetzt, es ist einem kein Fehler unterlaufen. Es ist, wie wenn man ein Kartenspiel erfindet und die Regeln befolgt, die man selbst aufgestellt hat. Gefährlich wird es, wenn man das als geschlossenes System behandelt, was in Wirklichkeit offene Systeme sind (zum Beispiel die Weltanschauung eines Menschen und die Art und Weise, wie er sich seine Grundsätze bildet). Wenn man diesen Fehler macht, dann will man mit der arroganten Gewißheit operieren, die nur innerhalb eines geschlossenen Systems anwendbar ist.

Arrogante Selbstgerechtigkeit und Denkprozeß

Paradox ist, daß das Bedürfnis des Menschen nach absoluten Werten, nach Gewißheit und festen Begriffen in seinem Denken das genaue Gegenteil der Wirkungsweise des Verstandes als eines biologischen Systems ist. Biologische Systeme funktionieren durch Veränderung und Evolution, nicht durch kategorische Entscheidungen, auf die statische Zustände folgen. In der Evolution stirbt eine Tiergattung bald aus, die allzu starr und unbeweglich und statisch wird, weil der Wandlungsprozeß ein Ende gefunden hat. Ebenso wie Tiere versuchen auch Begriffe, sich mit der Umwelt auseinanderzusetzen. Je absoluter und fester ein Begriff ist, um so geringer ist seine Chance, sich zu entwickeln. Ein biologisches System strebt immer danach, sich durch Anpassung an seine Umwelt zu wandeln und zu verbessern. Andererseits kann ein statisches System nur überleben, wenn es ein geschlossenes System wird und alle Aspekte seiner Umwelt beherrscht.

Der Unterschied zwischen einem biologischen und einem statischen System läßt sich bei der Erziehung erkennen. Die Erziehung neigt eher einem statischen System zu, denn sie will starre Forderungen erfüllen und bedient sich dazu starrer Mittel und Wege (Lehrpläne, Examina usw.). Das klappt, wenn die Erziehung als ein geschlossenes System betrachtet wird, das seine Erfolgskriterien selbst festsetzt und ihnen dann entspricht. Wenn man die Erziehung indes als ein biologisches System ansieht, das sich den wechselnden Bedürfnissen der Gesellschaft anpassen sollte, dann werden die starren Begriffe eher ein Hindernis denn eine Hilfe.

Das Bedürfnis nach absoluten Werten und Gewißheit entspringt einer Vielzahl von Faktoren, unter anderem den folgenden:

1. dem Bedürfnis, ein festes Ziel zu haben, auf das man hinarbeitet;
2. dem Bedürfnis nach einem unveränderlichen Maßstab, der Entscheidungen und Beurteilungen erleichtert;
3. dem Bedürfnis nach allgemeingültigen und unveränderlichen Begriffen, um das persönliche Verhalten mit dem Verhalten anderer in Einklang zu bringen;
4. dem Bedürfnis nach der Sicherheit, die es gewährt, wenn man weiß, daß man recht hat. All dies sind konkrete Motive, die das Verhalten beeinflussen. Das Problem besteht darin, das Bedürfnis nach Stabilität mit dem Bedürfnis nach Veränderlichkeit zu verbinden.

Völlige Veränderlichkeit bedeutet Chaos. Doch völlige Starrheit bedeutet Verknöcherung. Wichtig ist hier, daß Starrheit an sich ein absoluter Wert ist, Veränderlichkeit indes nicht. Sobald Sie die Möglichkeit von Veränderlichkeit und Wandel einräumen, können Sie eine Änderungsrate bestimmen, die genügend Stabilität für das praktische Handeln und genügend Wandel für den evolutionären Prozeß zuläßt. Doch wenn Sie sich für Starrheit entscheiden, dann ist damit die Möglichkeit des Wandels von vornherein ausgeschlossen. Sie können die Geschwindigkeit Ihres Wagens drosseln, aber eine Statue wird sich nie in Bewegung setzen.

Der Arroganzfehler

Das Bedürfnis nach Gewißheit ergibt sich aus dem Wesen des JA/NEIN-Systems, aus dem Wunsch nach einer stabilen Basis für das Handeln und aus dem Verlangen, einen

Gedankengang zu einem endgültigen Abschluß zu bringen. Das Ziel ist, eine Sperrvorrichtung zu schaffen, die den Gedanken oder die Schlußfolgerung fixiert. Sobald sie fixiert sind, kommt eine Erforschung anderer Möglichkeiten oder die Weiterentwicklung des Gedankens nicht mehr in Frage. Dieser Fixierungsmechanismus ist die im Kapitel 6 beschriebene Arroganzklammer. Wenn das Fixieren eines Gedankens auch eine gewisse praktische Nützlichkeit hat, so kann daraus doch leicht der im selben Kapitel beschriebene Vorurteilsfehler (F 4) werden. Das geschieht dann, wenn das, was ausreichende Gewißheit bei dem Gedanken sein sollte; um das Handeln zu ermöglichen, eine absolute Gewißheit bei dem Gedanken um seiner selbst willen wird.

Zweifel

Es mag scheinen, als sei Zweifel das Gegenteil von Arroganz. Wenn man einer Sache nicht sicher sein kann, dann ist man machtlos und von lähmender Unschlüssigkeit. Es ist klar, daß es besser sein muß zu handeln, auch auf die Gefahr hin, einen Fehler zu machen, als gar nichts zu tun, weil man niemals sicher ist, ob man recht hat. Das ist richtig, doch lassen sich zwei Arten von Zweifel unterscheiden.

1. Verzögernder Zweifel

Das ist der »Verlangsamungszweifel«. Man ist nicht sicher, ob das Handeln richtig ist oder wie gehandelt werden soll. Es ist, wie wenn man einen Autobus vorbeifahren läßt, weil man nicht sicher ist, wohin er fährt.

2. Antreibender Zweifel

Das ist »Beschleunigungszweifel«. Hier geht man sehr bereitwillig weiter, ohne einer festen Gewißheit über die

Richtigkeit des Handelns zu bedürfen. Man tut, was richtig zu sein scheint, und ist bereit, es zu ändern, wenn eine Änderung erforderlich ist. Es ist, als ob man möglichst gut schätzt, wohin der Bus fährt, und dann aufspringt, weil man weiß, daß man ja wieder aussteigen kann, wenn der Bus sich als der falsche erweist.

Verzögernder Zweifel schränkt das Handeln ein. Antreibender Zweifel beschleunigt es, weil man nicht auf die Gewißheit zu warten braucht. Wenn Sie bereit sind, Ihr Handeln zu ändern, anzupassen und zu verbessern, während Sie noch dabei sind, dann sind Sie viel freier, etwas zu tun, als wenn Sie absolut sicher sein müssen, ehe Sie damit beginnen.

Anti-Arroganz

Man sucht nicht eigentlich nach dem Gegenteil von arroganter Gewißheit.

Es handelt sich nicht darum, Gegenteile zu finden, sondern darum, ungerechtfertigte Arroganz zu mindern. Wenn Kleider vor Schmutz schwarz geworden sind, dann versuchen Sie nicht, sie weiß zu bleichen.

Vielmehr versuchen Sie, ihnen ihre natürliche Farbe wiederzugeben, indem Sie den Schmutz entfernen. So versucht man, Arroganz zu entfernen, die das Denken erstickt. Eine Möglichkeit, das zu tun, ist der Humor, der im nächsten Kapitel besprochen wird.

- Nichts verschlimmert die Arroganz, mit der ein Gedanke vertreten wird, mehr als parteiliche Zustimmung.
- Ich möchte sogar behaupten, daß jemand, der nicht arrogant zu sein vermag, auch nicht dumm sein kann.
- Zweifellos ist unser wichtigstes Denkwerkzeug die NEIN-Einrichtung.

- Die Arroganz der Selbstgerechtigkeit, die vermutlich der gefährlichste Fehler beim menschlichen Denken ist, entspringt unmittelbar aus dem JA/NEIN-System.
- Es geschieht nur zu leicht, daß man mit einer Mutmaßung beginnt und dann glaubt, sie sei bewiesen durch die Eleganz, wie mit ihr jongliert wird.

---

9. HUMOR, INTUITION UND PO

»Der schwarze Zylinder fiel um wegen eines Vogels oder einer Aufziehmaus.«

»Röhre fiel um: weil verborgene Aufziehmaus mit Saugnapfpfoten in der Röhre hochkletterte – wird kopflastig und fällt um. Aufziehmechanismus war geräuschlos.«

»Zwerg in der schwarzen Röhre trank Whisky und fiel hin, dadurch warf er die Röhre um.«

»Röhre starb.«

»Langweilte sich und schlief ein.«

»Drinnen ist ein kleiner Mann, der wacht alle 20 Minuten auf und reckt sich. Ein Arm ist länger als der andere. So wird der Zylinder an einer Seite stärker angestoßen und fällt um.«

»Fiel um – göttliches Eingreifen.«

»Eine Spinne schaukelte an einem Faden oben im Zylinder. Schaukelte zu stark, schlug gegen eine Seite und warf das Ding um.«

»Erschöpfung.«

»Der schwarze Zylinder blieb tatsächlich, wo er war, der Hörsaal wurde gekippt!«

»Indischer Seiltrick – neue Version.«

»Ist betrunken.«

Könnte da wirklich ein Zwerg drinnen sein? Oder auch nur eine Maus? Würde eine an einem Spinnfaden schaukelnde Spinne schwer genug sein, den Zylinder umzuwerfen? Könnte der Zylinder tatsächlich erschöpft, betrunken oder gelangweilt sein?

Sind diese Erklärungen richtig?

Sind sie falsch?

Oder sollen sie nur komisch sein?

Aus dem JA/NEIN-System ausbrechen

Durch Humor entgeht man der Starrheit des JA/NEIN-Systems. Eine Erklärung, die komisch sein soll, wird nicht mehr als richtig/falsch innerhalb des JA/NEIN-Systems beurteilt, weil sie außerhalb dieses Systems ist. Humor hat seine eigenen Regeln.

Im Spaß dürfen Sie Dinge sagen, die offenkundig falsch oder bestenfalls unwahrscheinlich sind.

Zum Beispiel wäre es unwahrscheinlich, daß Sie einen so kleinen Zwerg finden, daß er in den Zylinder paßt. Bei einem Zwerg wäre es ebenso unwahrscheinlich wie bei einem Menschen normaler Größe, daß ein Arm kürzer ist als der andere. Selbst wenn die Arme ungleich lang wären, würde der Stoß gegen die Zylinderwände nicht ungleich sein. Selbst wenn der Zwerg auf eine Wand stärker geschlagen hätte, wäre der Zylinder dadurch nicht umgekippt. Dennoch ist die Erklärung lustig, denn zuerst einmal klingt sie ganz plausibel. Sie hat auch einen Sinn, weil wir nämlich die dabei beteiligte verrückte Logik erkennen können. Die Gedanken passen als Gedanken zusammen, obwohl sie die Wirklichkeit nicht widerspiegeln.

Es ist eine verrückte Logik, wenn der Zylinder mit einem Menschen verglichen wird, der umfällt, weil er betrunken oder (durch die Vorlesung) gelangweilt war oder einfach starb.

Halbrichtig

Die humorvollen Erklärungen sind halb komisch, aber auch halb richtig. Die Hypothesen, daß eine Maus nach oben klettert, um sich Käse zu holen, oder daß ein kleiner Mann eine Leiter hinaufsteigt, sind nur andere Mittel und Wege, um ein Gewicht zu bewegen, das den Zylinder kopflastig macht (obwohl die gewünschte Wirkung damit nicht herbeigeführt würde, war das dennoch der von einer großen Zahl von Hörern erwählte Mechanismus). Wenn Sie mit dem Gedanken beginnen, daß ein kleiner Mann eine Leiter hinaufklettert, dann können Sie das später durch die Vorstellung von einem Gewicht ersetzen, das sich an einer durch einen Elektromotor angetriebenen Spirale nach oben bewegt.

Vorprellen

Weil der Humor einem erlaubt, Dinge zu sagen, die sonst nicht erlaubt wären, kann man im Schutz des Humors einen Gedanken vorprellen lassen und ihn dann einholen. Von der Vorstellung einer an einem Faden schaukelnden Spinne könnte man zu der Vorstellung von einem Gewicht gelangen, das gegen die Seiten des Zylinders schlägt, wie es in vielen Erklärungen unterstellt wurde. Oder aber man könnte zu der Vorstellung von einem schwingenden Pendel oder einem rotierenden Gewicht gelangen, die den Zylinder immer mehr ins Schwanken brachten, bis er umfiel. Der Vorstellung von dem Zylinder als einem betrunkenen Menschen, der umfiel, könnte man die Vorstellung vom Bein eines Menschen entnehmen, das wegrutscht, und somit unmittelbar zu der Vorstellung gelangen, daß ein Teil der Zylinderbasis nachgegeben hat und abgesackt ist.

Witzige Einfälle können als *Sprungbrett* zu einem sehr vernünftigen Gedanken dienen.

Vermittelnde Unmöglichkeit

Eine »vermittelnde Unmöglichkeit« ist ein Gedanke, der an sich nicht richtig ist, den man aber als Absprung verwenden kann, um zu einem richtigen Gedanken zu gelangen. Die zum Käse hochkletternde Maus, die schaukelnde Spinne oder der betrunkene Zylinder könnten alle als vermittelnde Unmöglichkeiten verwendet werden.

Richtig bei jedem Schritt

Beim logischen Denken ist es wesentlich, daß man bei *jedem* Schritt recht haben *muß*. Wenn Sie bei jedem Schritt recht haben, können Sie sicher sein, daß Ihre Schlußfolgerungen ebenfalls richtig sind, selbst wenn Sie sie auf andere Weise nicht nachprüfen können. Das ist ein enorm nützlicher Prozeß, denn er ermöglicht einem, beim Denken voranzugehen im Vertrauen darauf, daß man unweigerlich zur richtigen Lösung gelangt, wenn man bei jedem Schritt recht hat. Aus diesem logischen Prozeß entstand die Tradition, daß *alles* Denken logisch sein und man bei jedem Schritt recht haben müsse.

Doch wenn man auch zuweilen *sofort weiß,* daß die Schlußfolgerung stichhaltig ist, so ist es nicht nötig, bei jedem Schritt recht zu haben, denn man braucht die Stichhaltigkeit der Schlußfolgerung nicht mehr auf diese Art zu beweisen. Wenn Sie Ihre Uhr verlieren, wissen Sie, daß Sie sie sofort erkennen würden, wenn Sie sie finden, ohne beweisen zu müssen, daß es die Ihre ist. Beim Problemlösen vermag man ziemlich oft zu erkennen, ob es mit einer Lösung klappt, wenn man die Lösung selbst überprüft und nicht die Art und Weise, wie sie erreicht wurde. Beim Erfinden oder Entwerfen hat man zuerst die Idee und macht sich dann daran herauszufinden, ob's geht oder nicht.

Es gibt eine große Zahl von Denksituationen, bei denen die Brauchbarkeit der Schlußfolgerung ganz unabhängig ist von der Art und Weise, wie sie erreicht wurde. In diesen Fällen ist ein Festhalten an den Regeln des logischen Denkens nicht besonders hilfreich – und kann sogar sehr hinderlich sein, da Logik nicht schöpferisch ist. Statt des logischen Denkens wendet man das laterale Denken an; es ermöglicht einem, auf viel freiere Weise vorzugehen, um eine Lösung zu finden, die erst gerechtfertigt wird, wenn sie gefunden ist. Beim lateralen Denken ist die Verwendung der vermittelnden Unmöglichkeit die Regel.

Intuition

Sobald Sie die Pointe eines Witzes erkennen können, wird die ganze Sache klar. Sie brauchen keinen, der es Ihnen »beweist« oder auch nur erklärt. Sie lachen über einen Witz, weil Sie plötzlich umschalten und die Dinge auf eine andere Weise betrachten können.

Als der Professor mit seiner Vorlesung halb fertig war, sah er, daß ein Student einen Blick auf seine Uhr warf. Der Professor schaute auf seine eigene Armbanduhr und hielt sie dann ans Ohr.

An diesem Beispiel ist leicht zu erkennen, wie der Professor dem Studenten zu verstehen gab, daß er selbst noch viel ungeduldiger auf das Ende der Vorlesung lauerte.

Sie lachen über einen Witz, weil Sie plötzlich umschalten und die Dinge auf eine andere Weise betrachten können. Intuition schließt genau denselben Umschaltprozeß ein wie der Humor. Sie haben die Dinge auf eine bestimmte Weise betrachtet und sind plötzlich imstande, umzuschalten und sie auf andere Weise zu sehen. Die neue Weise ist *sofort* sinnvoll, genau wie der Witz *sofort* komisch ist, wenn Sie umgeschaltet haben. Wird für ein Problem plötzlich eine »intuitive« Lösung angeboten, die nicht komisch ist, brechen die Leute trotzdem in Gelächter aus. Das ist bei der nachfolgenden Aufgabe oft der Fall gewesen:

Aufgabe:
Für die Einzelspiele eines Ausscheidungsturniers im Tennis liegen 111 Meldungen vor. Der Veranstalter möchte die Mindestanzahlen von Spielen errechnen, die gespielt werden müssen. Wie viele sind es?

Wenn diese Aufgabe gestellt wird, greifen die meisten

Leute nach Papier und Bleistift und fangen mit den 111 Meldungen an und stellen fest, was am Ende der ersten Runde, der zweiten Runde usw. geschieht. Ein viel einfacherer Weg, der weder Bleistift noch Papier und nur ein paar Sekunden Zeit erfordert, schließt eine intuitive Umschaltung ein. Statt mühsam die allmähliche Auslese der Sieger zu errechnen, werden die Verlierer in Betracht gezogen. Es müssen 110 sein. Da jeder Verlierer nur ein Spiel verlieren kann, müssen es 110 Spiele sein.

De Bonos erstes Gesetz

Intuition ist ein unerhört wichtiger Denkprozeß. Der Grund dafür ist, daß der Verstand starre Betrachtungsweisen beibehält. Derartige Muster werden immer starrer und immer größer. Intuition ist das einzige Hilfsmittel, das wir haben, um den starren Mustern zu entrinnen und uns klarzuwerden, daß die Dinge auch auf andere Weise betrachtet werden können. Wenn mehr Information verfügbar wird, kann die alte Betrachtungsweise, der alte Gedanke nicht den besten Gebrauch davon machen. Der Gedanke muß durch intuitives Umschalten aufs laufende gebracht werden. Die Notwendigkeit, intuitiv umzuschalten, um die Gedanken aufs laufende zu bringen, ergibt sich unmittelbar aus dem Verhalten eines musterbildenden Systems wie dem Verstand. Diese Notwendigkeit ist die Grundlage von de Bonos erstem Gesetz:

»Ein Gedanke kann niemals den besten Gebrauch von der vorhandenen Information machen.«

Da sich ein Gedanke im Lauf der Zeit allmählich entwickelt, wenn mehr Information verfügbar wird, kann er nicht so guten Gebrauch von dieser Information machen, wie er könnte, wenn sie sofort verfügbar wäre. Es ist viel einfacher, ein neues Mietshaus zu bauen, als eine alte Villa umzubauen, um kleine Wohnungen daraus zu machen.

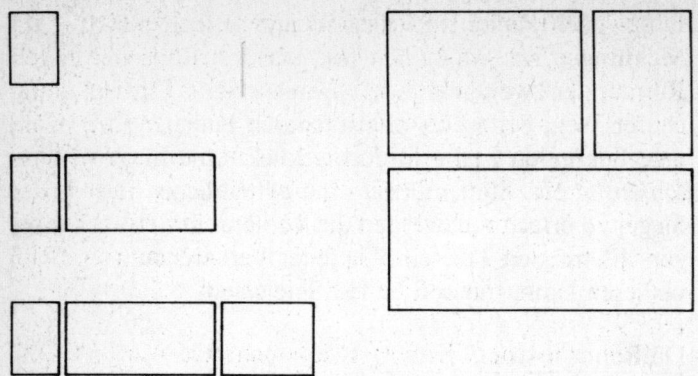

Wenn Sie jemandem zwei Plastikstücke (Form vgl. Abbildung) geben und ihn auffordern, sie zu einer leicht zu beschreibenden Form zusammenzulegen, dann wird er sie nebeneinanderlegen. Hätte er aber alle drei Stücke gleich zu Anfang gehabt, dann hätte er daraus ein einfaches Quadrat gebildet (das viel leichter zu beschreiben ist als ein Rechteck, weil das Seitenverhältnis nicht beschrieben zu werden braucht).

Da die Reihenfolge, in der die Information eintrifft, die Art und Weise bestimmt, wie sie zum Gedanken zusammengefügt wird, ist es immer möglich, den Gedanken umzustrukturieren und die Information auf neue Weise zusammenzufügen.

Diskontinuität

Ein intuitives Umschalten bringt Diskontinuität mit sich. Es schließt ein, daß man sich von einer üblichen Betrachtungsweise löst, um eine neue zu finden. Aus diesem Grunde kann Intuition nicht durch den konsequenten Prozeß des logischen Denkens erlangt werden, der verlangt, daß man in jedem Stadium recht haben muß. »Recht haben« bedeutet, die Dinge so zusammenzufügen, *wie sie zusammengefügt werden sollten,* und das bedeutet nach der üblichen Betrachtungsweise. Das logische Denken wird also bei der üblichen Betrachtungsweise bleiben – sie nicht ändern. Um sie zu ändern, braucht man das laterale Denken. Doch sobald ein intuitives Umschalten zustande gekommen ist, kann das logische Denken – *im nachhinein* – zeigen, warum die neue Betrachtungsweise durchaus stichhaltig ist. Vergleichen Sie die folgenden beiden Standpunkte:

»Die modernen Kommunikationsmittel wie Telefon, Autos und Flugzeuge bringen die Menschen zusammen wie nie zuvor. Statt nur über ein paar hundert Meter miteinander zu sprechen, kann man jetzt Verbindungen über Hunderte von Kilometern herstellen.«

»Die Perfektion der modernen Kommunikationsmittel führt dazu, die Menschen voneinander zu trennen wie nie zuvor.«

Die erste Aussage klingt logisch vernünftig, während die zweite einfach widersinnig erscheint. Doch von der zweiten Aussage kann man zu einem intuitiven Umschalten übergehen, wobei man sieht, daß eben die technische Perfektion der Fernverbindungen bedeutet, daß man die Kommunikation auf kurze Entfernung, den nachbarschaftlichen Umgang vernachlässigt. Weil man überall Freunde hat, bemüht man sich nicht mehr, in der Nachbarschaft Freundschaften zu schließen.

Und letzten Endes ist die Kommunikation auf kurze Entfernung wirklich befriedigender, denn in einem Dorf trifft man immerzu Freunde, ohne eine besondere Anstrengung unternehmen zu müssen, und sie sind da, wenn man sie braucht. All das ist ganz logisch – sobald Sie intuitiv umgeschaltet haben.

Das neue Wort ›PO‹

Das Denkwerkzeug NEIN ist die Grundlage des logischen Denkens. Weil es die Ablehnung dessen, was falsch ist, ermöglicht, vermag man bei jedem Schritt recht zu haben. Ebenso wie NEIN ein Denkwerkzeug ist, ist das neue Wort PO ein neues Denkwerkzeug – aber es hat eine völlig andere Funktion. PO ist ein Werkzeug für Diskontinuität, Intuition und Humor. PO macht es möglich, daß man aus der strengen Starrheit des JA/NEIN-Systems heraustritt, weil man es auch mit Humor tut.

Wird PO einer Aussage vorangestellt, dann zeigt es an, daß die Aussage als eine vermittelnde Unmöglichkeit verwendet wird. Das bedeutet, daß die Aussage tatsächlich falsch sein mag, aber als Sprungbrett zu neuen Gedanken dient. Ohne ein Instrument wie PO (oder Humor) dürfte man die Aussage überhaupt nicht machen, wenn sie falsch ist. PO ist eine Konkretisierung der Ausbrecherfunktion des Humors.

»PO der schwarze Zylinder fiel um, weil er ganz aus Holz besteht und ein Termitenschwarm über den Tisch zog und die Basis so anfraß, daß der Zylinder umfiel. Das waren besondere, unsichtbare Termiten.«

Von dieser vermittelnden Unmöglichkeit könnte man direkt zu dem Gedanken gelangen, daß der Zylinder umfiel, weil ein Teil seiner Basis verschwand (zum Beispiel durch Wegsacken, Entweichen von Luft aus einer aufgepumpten Blase an der Basis, Schmelzen eines Eisstücks, das einen Teil der Basis getragen hatte, usw.).

Zwei Zwecke von PO

Diese beiden Zwecke sind in Wirklichkeit nur verschiedene Aspekte ein und derselben Funktion von PO: der Starrheit, Arroganz und Sterilität des JA/NEIN-Systems entgegenzuwirken.

170

Erster Zweck: Befreiung

Eine Aussage mag logische Richtigkeit (R 2) und auch alleinige Richtigkeit (R 3) besitzen. Die Folge davon ist, daß die Aussage als absolut richtig angesehen wird. PO wird verwendet, um diese absolute Richtigkeit in Frage zu stellen und zu zeigen, daß das nur *eine* Betrachtungsweise ist. PO wird verwendet, um uns von der Starrheit eines fixierten Standpunkts zu befreien. PO wirkt außerhalb des JA/NEIN-Systems. PO besagt nicht: »Diese Aussage ist falsch« oder: »Diese Aussage ist richtig«.

PO bedeutet (auf ein Wort, eine Aussage, eine Beweisführung angewandt): »Das ist ein Standpunkt, das ist Ihr Standpunkt, der nur von bestimmten, nämlich Ihren Grundbegriffen ausgeht. Ich akzeptiere ihn als Ihren Standpunkt, aber ich bestreite, daß es der einzig mögliche Standpunkt ist. Versuchen wir doch, die Dinge auf eine andere Weise zu betrachten.« PO ist in Wirklichkeit eine Aufforderung, von einem bestimmten Standpunkt loszukommen und lateral weiterzugehen, um alternative Betrachtungsweisen zu entwickeln.

»Damit der Zylinder umfällt, *muß* eine Verlagerung des Schwerezentrums stattgefunden haben.« – »PO!«

»Alle Mißlichkeiten der Welt sind auf den Verfall der Moral zurückzuführen.« – »PO!«

Zweiter Zweck: Anreiz

Selbst wenn eine Vorstellung an sich falsch ist, kann sie als Ausgangspunkt für einen neuen Gedankengang oder als Sprungbrett dienen, um von einem Gedanken zu einem neuen zu gelangen. PO kann verwendet werden, um eine vermittelnde Unmöglichkeit wie die folgende aufzustellen:

»PO um die Wasserverschmutzung zu vermindern, müßte sich eine Fabrik weiter flußabwärts von sich selbst befinden.«

Das klingt lächerlich, doch wenn man diese vermittelnde Unmöglichkeit aufstellt, kann man direkt zu dem Gedanken gelangen, daß die Fabrik ihre Wasserzufuhr aus dem Fluß flußabwärts von ihrem Abflußrohr beziehen sollte, so daß sie sich praktisch flußabwärts von sich selbst befände und sehr viel mehr auf den Dreck achten müßte, den sie in den Fluß befördert. PO schützt die vermittelnde Unmöglichkeit, so daß man sie verwenden kann, um einen Punkt zu erreichen, zu dem man nicht gekommen wäre, wen man sich an logische Folgerichtigkeit gehalten hätte. Von diesem neuen Punkt aus kann eine andere Betrachtungsweise möglich werden.

Zum Beispiel gibt es das berühmte Paradox von dem Mann, der daherkommt und sagt: »Ich lüge immer.«

Wenn er immer lügt, dann sagt er in diesem Augenblick die Wahrheit, so daß er nicht immer lügen kann. Unter Verwendung von PO kann man behaupten:

»PO spricht er nicht von sich, sondern von seinem Zwillingsbruder.«

Wenn er die Wahrheit sagt, dann muß sein Zwillingsbruder immer lügen. Aber wenn er selbst in diesem Fall lügt, dann kann es sein, daß auch sein Zwillingsbruder manchmal lügt und manchmal die Wahrheit sagt. Jetzt können also er und sein Bruder wieder in eine einzige Person zusammenfließen, die manchmal lügt und manchmal die Wahrheit sagt.

Wenn eine Aussage rundweg abgelehnt werden müßte, dann mag PO angewandt werden, um sie kurzfristig zu schützen, so daß sie immer noch dazu dienen kann, neue Gedanken auszulösen. Kurz und gut, PO erlaubt einem, mit Gedanken zu machen, was man will, um neue Gedanken hervorzurufen. In der Poesie werden Wörter und Bilder gebraucht, um neue Gedanken in Gang zu bringen, aber nicht als exakte, analytische Beschreibungen. PO ist ein Reizmittel und erfüllt dieselbe Funktion in gewöhnlicher Sprache.

»PO Autos müßten quadratische Räder haben.« Dann wäre das Fahren in ihnen so unbequem, daß die Menschen es nur täten, wenn es unbedingt nötig wäre.

Umsteigen auf neue Ideen

PO ist ein schöpferisches Werkzeug, das einem hilft, auf neue Ideen umzusteigen. Dieses Umsteigen kann erfolgen, weil man der alten Idee entronnen ist, wenn sie nicht mehr als absolut richtig betrachtet wird (befreiende Funktion von PO). Oder das Umsteigen kann erfolgen, weil neue Ideen hervorgebracht werden, die Alternativen bieten, zu denen man übergehen kann (anreizende Funktion von PO).

- Humor bietet eine Fluchtmöglichkeit vor der Starrheit des JA/NEIN-Systems.
- Eine vermittelnde Unmöglichkeit ist ein Gedanke, der an sich nicht richtig ist, den man aber als Sprungbrett benutzt, um zu einem Gedanken zu gelangen, der richtig ist.
- Intuition ist das einzige Hilfsmittel, das wir haben, um festgelegten Mustern zu entgehen und zu erkennen, daß die Dinge auch auf neue Weise betrachtet werden können.

---

10. PHANTASIE

Phantasie ist ein großes und nützliches Wort. Es genau zu definieren, ist schwierig, und das Wort wird durch eine Definition auch nicht nützlicher. Es scheint vier Aspekte der Phantasie zu geben:

1. Bildlebendigkeit

Das bedeutet, daß man, wenn man aufgefordert wird, sich einen Menschen oder eine Szene vorzustellen, es mit großer Lebendigkeit zu tun vermag. Sie können sich Tante Emma so genau vorstellen, daß Sie förmlich sehen können, wie sie ihre Nase beim Sprechen rümpft. Sie können sich den Fischerhafen aus dem Urlaub noch so lebhaft vorstellen, daß Sie jedes einzelne Boot vor sich sehen, das neben dem Strandcafé vertäut liegt. Lebendigkeit bedeutet *Fülle* der Einzelheiten. Sie haben nicht nur einen verschwommenen Eindruck, sondern können alle Merkmale aufzählen.

2. Zahl der Alternativen

Wenn Sie jemanden auffordern, Ihnen alle Methoden zu nennen, die ihm einfallen, wie man ein Ei zubereiten kann, dann könnte er aufführen: gekocht, Spiegelei, Rührei. Ein anderer würde hinzufügen: mit Speck gebraten, Omelette. Ein dritter sagt noch: pochiert. Von demjenigen, der die ganze Liste auf einmal nennen kann, könnte man sagen, daß er phantasievoller ist als ein anderer, dem nur drei Möglichkeiten einfallen. Es geht dabei nicht um Wissen, sondern darum, zu dem Wissen zu gelangen. In der Praxis ist es sehr schwierig, Phantasie von Wissen zu unterscheiden. Wenn Sie jemanden auffordern, alle mit S anfangenden Mädchennamen aufzuzählen, wird er vielleicht zehn nennen: Susanne, Sabine, Sonja, Sigrid, Sibylle usw. Ein

Schulmädchen erinnert sich vielleicht an noch mehr, denn sie braucht bloß an ihre Freundinnen zu denken. Erinnerung, Wissen und Phantasie sind hierbei also miteinander verquickt. Doch wie im ersten Fall kommt es auf die *Fülle* der Möglichkeiten an, wie man eine Frage zu beantworten vermag. Im ersten Fall war es die Fülle der Einzelheiten, hier ist es die Fülle der Alternativen.

3. Unterschiedliche Betrachtungsweisen

Das bedeutet, die Dinge auf verschiedene Weise anzusehen. Zum Beispiel könnte einer sagen, eine Milchflasche sei halb voll, ein zweiter könnte sagen, sie sei halb leer, und ein dritter könnte sagen, die Flasche sei voll mit einer Mischung aus Milch und Luft.

4. Schöpferische Phantasie

Dazu gehören Vorstellungsvermögen und die Fähigkeit, sich etwas auszumalen, das man noch nicht selbst erlebt hat. Es kommt darauf an, Dinge miteinander zu verknüpfen, um eine neue Erfahrung zu erzeugen. Dieser Aspekt der Phantasie wird ausführlich in dem Abschnitt über Kreativität besprochen.

Phantasie bei dem Zylinderexperiment

Bei diesem Experiment waren alle Arten von Phantasie beteiligt, als versucht wurde, das Umfallen des schwarzen Zylinders zu erklären. Nur jeder zehnte bot mehr als eine einzige Erklärung an, doch wichen die von den verschiedenen Teilnehmern vorgelegten Erklärungen stark voneinander ab. Wenn man die Vielfalt dieser Erklärungen betrachtet, erkennt man, wie sehr beschränkt die Phantasie eines einzelnen Menschen ist. Die vorgelegten Ideen waren einleuchtend, nachdem man sie gesehen hatte, aber sich diese Ideen selbst auszudenken, ist sehr schwierig.

Eine Ahnung von der Reichweite der vorgelegten Gedanken kann vermittelt werden, wenn man einige wenige bestimmte Merkmale herausgreift und zeigt, wie unterschiedlich die zutage gekommenen Ideen waren.

Zeitliche Regelvorrichtungen
Eins der Hauptmerkmale des Verhaltens des schwarzen Zylinders war, daß er *nach einer gewissen Zeit* umfiel. Es ist faszinierend, wie unterschiedlich diese Verzögerung erklärt wurde.

1. *Keine echte zeitliche Verzögerung.* Etwas wurde mit dem Zylinder zu der Zeit gemacht, als er umfiel (Redner hat ihn umgeworfen oder an den Tisch gestoßen, ein Helfershelfer oder sonst jemand hat ihn abgeschossen).
2. *Abhängigkeit von Zufallsereignissen.* Der Zylinder stand eben und eben auf der Kippe, so daß der Zug von der Tür zu irgendeiner Zeit unweigerlich stark genug sein würde, ihn umkippen zu lassen.
3. *Voraussagbares Ereignis.* Dazu gehören Mutmaßungen, daß sich im Zylinder ein Mechanismus befand, der durch Gelächter ausgelöst werden konnte, oder daß der Luftzug, wenn alle auf einmal zur Feder griffen, ihn umwerfen konnte. Hier ist das Ereignis teilweise, aber indirekt, unter der Kontrolle des Redners.
4. *Allmählicher Prozeß.* Hier war die ganze Zeit ein langsamer Prozeß im Gange, bis die Wirkung schließlich groß genug war, um den Zylinder zum Umfallen zu bringen. Zu solchen langsamen Prozessen gehörten:
Sand (langsam, wie in einer Eieruhr rieselnd)
Bleikügelchen (langsam nacheinander fallend)
schmelzendes Wachs
schmelzendes Eis
langsam verdampfende Flüssigkeit

durch haarfeines Röhrchen fließendes Wasser
fließender Sirup
in Öl sich bewegende Kugel oder Stab
Reibungsvorrichtung, die die Bewegung stark verlang-
samte
durch ein winziges Loch entweichende Luft
Kugel, die sich an einer Spirale abwärts bewegte
an einem feinen, rotierenden Schraubengewinde langsam gehobenes Gewicht
Ausdehnung langsam erhitzter Luft
langsam Gas erzeugende Elektrolyse

5. *Zeitliche Regelvorrichtungen.* In mancher Beziehung ist
   das der vorigen Gruppe ähnlich, doch hat hier der
   langsame Prozeß den Zylinder nicht *selbst* umgeworfen,
   sondern einfach etwas *freigesetzt,* zum Beispiel eine
   Feder.
   Uhr
   Uhrwerk
   elektrischer »Zeitregler«

Gewicht nach oben bringen
Unter dem irrigen Eindruck, daß es ausreiche, einen Zylin-
der kopflastig zu machen, damit er umfalle, zeigten meh-
rere Erklärungen verschiedene Methoden auf, wie ein Ge-
wicht nach oben gebracht werden kann:
Maus mit Saugnäpfen an den Pfoten erklimmte glatte
Wand
Schnecke kriecht an einer Seite hinauf
Maus klettert auf Leiter
Gewicht gleitet nach oben
Insekten umschwirren oben ein Licht
Gewicht bewegt sich an einem feinen, rotierenden Schrau-
bengewinde nach oben
Flüssigkeit verdampft und kondensiert oben

kochende Flüssigkeit wird wie in einer Kaffeemaschine nach oben gedrückt
zusammengedrückte Feder gibt langsam nach und schiebt Gewicht nach oben

Aufprall auf Seitenwand
Da der Zylinder anscheinend nicht durch Einwirkung von außen umgeworfen wurde, mutmaßten mehrere Erklärungen, daß dies von innen geschehen sei:
Säule fällt gegen Wand
Stäbe lehnen sich nacheinander an Wand
Feder (oder Gummizug) schleudert Gewicht gegen Wand
Kugel rollt in gewundener Röhre nach unten und schlägt an Wand
Pendelgewicht fällt gegen Seite
Magnet zieht Kugel durch Öl auf eine Seite
Zwerg trinkt Whisky und fällt um

Veränderungen der Basis
Eine große Zahl von Erklärungen mutmaßte, daß der Zylinder durch eine Veränderung der Basis umgefallen sei. Diese Änderung nahm gewöhnlich eine von zwei Formen an:

entweder wurde etwas von einer Seite der Basis weggenommen, oder etwas wurde der anderen Seite zugefügt.

Die Gleichwertigkeit dieses Prozesses ist in der Zeichnung auf S. 179 dargestellt.

weggenommen
Eis, das schmilzt
Luft, die langsam entweicht
Basis springt an einer Seite hoch
Basis besteht aus unter Druck langsam nachgebendem Material

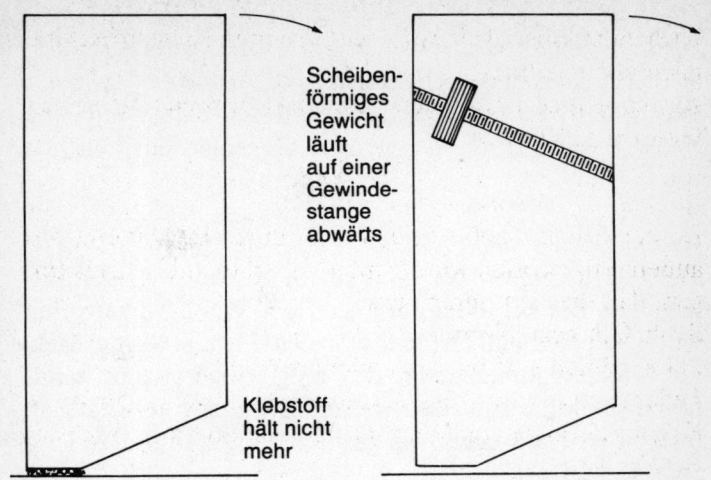

Scheiben-
förmiges
Gewicht
läuft
auf einer
Gewinde-
stange
abwärts

Klebstoff
hält nicht
mehr

Teil der Basis besteht aus Wachs, das in der Wärme des
Raums (oder durch Heizschlange von Batterie) schmilzt

hinzugefügt
elektrisch herausgetriebener Stift
Temperatur bewirkt Ausdehnung einer Mittelachse und
baucht Basis aus
konvex geworden durch Aufgehen einer zusammengedrückten Feder
Ballon dehnt sich aus durch verstärkten Gasdruck (Hitze,
Elektrolyse oder Bleikügelchen, die auf einen anderen Teil
des Ballons fallen)
Stift nach unten gedrückt durch fallendes Gewicht im
Zylinder
herausgedrückte Luft

Umgekehrte Betrachtungsweise

Gewöhnlich erscheint eine bestimmte Betrachtungsweise
als so auf der Hand liegend, daß wir uns nicht vorstellen

können, daß die entgegengesetzte Betrachtungsweise dasselbe Ergebnis bringt. Unter den Erklärungen des Zylinderexperiments hatten verschiedene das Problem auf eine Weise angepackt, die das genaue Gegenteil der üblichen war.

Ausgangslage instabil

Der übliche Ansatz war, von einem stabilen Zylinder auszugehen, der entweder auf irgendeine Weise umgeworfen wurde oder allmählich (oder plötzlich) instabil wurde. Mehrere Hörer nahmen indes den entgegengesetzten Standpunkt ein und vermuteten, daß der Zylinder von Anfang an instabil war und irgendwie gestützt wurde, und daß diese Stütze dann nachgab.

Ein Erklärungstyp, der in der Zeichnung auf Seite 179 dargestellt ist, sah einen Zylinder mit angeschnittener Basis vor. Er blieb senkrecht, weil er mit Wachs am Tisch festgeklebt war (das allmählich schmolz), mit Kleister (der sich schließlich löste) oder mit einem Saugnapf (der sich schließlich lockerte).

Bei der anderen Art von Erklärung war der Zylinder auch instabil, doch wurde hier die Instabilität durch ein Gewicht auf der anderen Seite ausgeglichen. Dieses Gewicht verschob sich allmählich, bis die anfängliche Instabilität wiederhergestellt war und der Zylinder umfiel (wie in der Zeichnung auf Seite 179 gezeigt). Interessant ist, daß diese Art Erklärung alle jene richtig gemacht hätte, die einfach auf eine Gewichtsverlagerung hinweisen, wie auf den Seiten 81/83 erörtert.

Ausgangszustand gebogen

Verschiedene Erklärungen unterstellen, daß der Zylinder allmählich in der Mitte krumm wurde und zusammensackte, bis der Schwerpunkt über die Basis hinausragte. Bei einem derartigen Mechanismus wurde »Knete« verwendet, die sich unter Druck allmählich verformt. Ein anderer verwendete ein Gummiband, um den Zylinder zu verbiegen und krumm zu machen. Ein dritter verwendete einen Zapfen und Gewichtsverlagerung (vgl. Abbildung auf Seite 37).

Demgegenüber mutmaßte eine Erklärung, der Zylinder sei eigentlich gebogen, aber sein Mantel bestehe aus Wachspapier, und so könne der Zylinder vor dem Experiment erwärmt und geradegebogen werden. In der Wärme des Hörsaals würde das Wachs weich werden und der Zylinder seine natürliche Form wieder annehmen.

Einen Prozeß abstellen

Die meisten Erklärungen ließen durch Elektrizität etwas geschehen: Elektromotore schoben Gewichte hoch, Magnete zogen Gewichte an oder schoben Stifte hinaus, Hitze schmolz Wachs. Eine Erklärung verwendete Elektrizität allerdings auf genau entgegengesetzte Weise. Ein an einer Feder befestigter Stift wurde durch einen von einer Taschenlampenbatterie gespeisten Elektromagneten *zurückgehalten* (vgl. Zeichnung auf Seite 182). Als die Batterie erschöpft war, wurde der Magnet schwächer, bis sich schließlich die Feder löste, den Stift durch ein Loch in der Basis des Zylinders trieb und den Zylinder damit umwarf. Hier war es das *Versagen* der Elektrizität, das die Wirkung herbeiführte. Dieser Entwurf erklärt auch die zeitliche Verzögerung sehr geschickt.

Der Zweck der Phantasie

Die eben vorgeführten verschiedenen Ideen und Methoden, wie eine Idee verwirklicht werden kann, entstammten verschiedenen Köpfen. Wären sie alle aus demselben Kopf

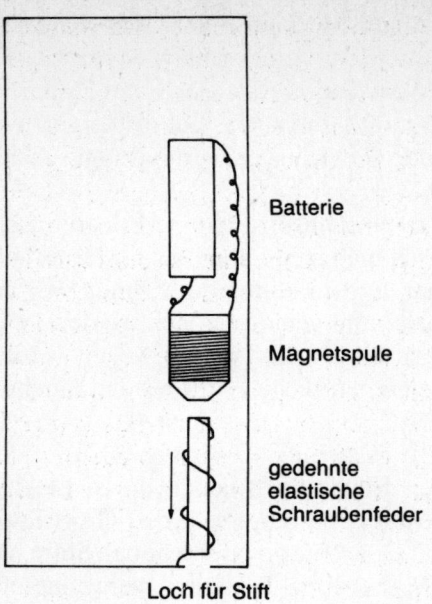

Batterie

Magnetspule

gedehnte
elastische
Schraubenfeder

Loch für Stift

hervorgegangen, hätte man diesen Kopf als höchst einfallsreich angesehen. Aber welchen Zweck hat die Phantasie? Wenn Sie einfallsreich sind und sich fünf verschiedene Möglichkeiten ausdenken können, etwas zu tun, und sich dann die beste heraussuchen, sind Sie dann besser dran als jemand, der keine Phantasie besitzt, aber die beste Methode auf Anhieb fand?

Phantasie und alleinige Richtigkeit

Ohne Phantasie ist man allzu bereit, sich auf alleinige Richtigkeit zu verlassen. Wenn Sie sich keine Alternativerklärungen vorstellen können, ist es kein Wunder, wenn Sie überzeugt sind, daß die einzige, die Sie haben, absolut richtig ist. Wie es in de Bonos zweitem Gesetz heißt: »Beweis ist oft nicht mehr als Mangel an Phantasie.«

Phantasie und die grundlegenden Denkprozesse

Wie in Kapitel 5 dargelegt, sind die grundlegenden Denk-prozesse »Weitermachen« und »Verbinden«. Der glatte Verlauf dieser beiden Prozesse hängt sehr stark von der Phantasie ab. Bei dem Prozeß des Weitermachens beruht die Mühelosigkeit, mit der ein Gedanke auf einen anderen folgt, auf der Phantasie. Wenn Sie auf den Gedanken gekommen sind, daß ein Stift aus der Basis des schwarzen Zylinders herausstoßen könnte, dann können Sie in der Phantasie die Aufeinanderfolge der Wirkungen des heraus-stoßenden Stifts schnell »weitermachen«: Stift stößt her-aus ... plötzlich, denn sonst würde sich der Zylinder lang-sam neigen ... Stift braucht nur lange genug zu sein, um den Zylinder in die Schräglage zu bringen, so daß sich sein Schwerpunkt über die Basis hinaus verschiebt und ihn umstürzen läßt ... auch sollte der Stift nicht zu heftig her-vorstoßen, denn dann würde der Zylinder vom Tisch hochschnellen und der Vorgang dabei vielleicht erkennbar werden ... wenn der Zylinder zuletzt auf der Seite liegt, würde der vorstehende Stift sichtbar sein, deshalb müßte er dünn wie eine Nadel sein oder aber wieder zurückgezogen werden können. Um diese verschiedenen Überlegungen anzustellen, muß man sich das Verhalten des vorstoßenden Stifts deutlich vorstellen können.

Ebenso hebt bei dem Prozeß des »Verbindens« die Phantasie Ausgangspunkt und Ziel hervor, so daß eine Verbindung leicht herzustellen ist. Wenn zum Beispiel ein Material verwendet wird, das langsam verschwindet, dann wird ein einfallsreicher Mensch sofort an Eis und Trocken-eis denken. Er wird aber auch daran denken, daß das Material gar nicht wirklich zu verschwinden braucht, son-dern verlagert werden könnte (Luft oder eine Flüssigkeit, die durch ein kleines Loch aus einem flexiblen Behälter entweichen); oder es könnte seine Beschaffenheit ändern

(Wachs, das weich wird). Phantasie läßt die grundlegenden Denkprozesse glatter ablaufen, macht sie an sich aber nicht richtiger oder brauchbarer.

Phantasie und Kreativität
Phantasie an sich ist ebensowenig Kreativität, wie Zahlen Mathematik sind. Aber sie ist einer der Bestandteile der Kreativität.

- Wenn Sie sich keine Alternativerklärung vorstellen können, dann ist es kein Wunder, wenn Sie überzeugt sind, daß die einzige, die Sie haben, absolut richtig sei.
- Phantasie läßt die grundlegenden Denkprozesse glatter ablaufen, macht sie an sich aber nicht richtiger oder brauchbarer.

---

11. KREATIVITÄT

Nur jeder zehnte Hörer lieferte mehr als *eine* mögliche Erklärung für das Umfallen des schwarzen Zylinders. Das ist noch eine recht großzügige Bewertung, denn jeder, der auch nur die Möglichkeit einer Alternative erwähnte (z.B. »Verlagerung des Schwerpunkts oder Wind«) bekam zwei Vorschläge gutgeschrieben.

Einige der möglichen Gründe für diesen geringen Anteil an Alternativen werden nachstehend besprochen:

1. *Keine Zeit:* Die den Hörern zugestandene Zeit war tatsächlich kurz, und hätten sie mehr Zeit darauf verwenden können, sich Alternativen auszudenken, wären es gewiß mehr gewesen.

2. *Zufrieden:* Wenn Sie mit Ihrer Erklärung zufrieden sind, warum sollten Sie sich dann die Mühe machen, sich noch andere auszudenken?

3. *Verworfen:* Einer hat vielleicht an mehrere Alternativerklärungen gedacht, aber diejenigen gleich verworfen, von denen er wußte, daß es mit ihnen nicht klappen würde. Ein anderer, der weniger urteilsfähig war, hat alle Alternativen aufgeschrieben, ohne sich darüber klar zu sein, daß die meisten davon unbrauchbar waren.

4. *Zu ausführlich:* Wer eifrig damit beschäftigt war, eine ausführliche Zeichnung von einem möglichen Mechanismus anzufertigen, hätte wenig Zeit gehabt, sich noch andere auszudenken. Je mehr man ins Detail geht, um so schwieriger wird es, sich anderen, etwas abseits liegenden Erklärungen zuzuwenden.

5. *Zu allgemein:* Wer sich damit begnügte, auf der ersten oder zweiten Stufe des Verstehens (B 1, B 2) zu bleiben, wird nicht imstande sein, Alternativen anzubieten, denn

sie würden sowieso in die einzige, allgemeine Rubrik gehören. »Er fiel um« oder »Da ist eine Vorrichtung, die ihn zum Umfallen bringt« würde sämtliche Möglichkeiten, wie es umgefallen sein könnte, einschließen.

5. *Keine Kenntnisse:* Um eine Erklärung abzugeben, braucht man ein paar mechanische oder technische Grundkenntnisse. Ein völliger Mangel an solchen Kenntnissen würde es schwierig machen, mehrere Erklärungen anzubieten.

7. *Keine Ideen:* Schließlich mag es, wenn keine Alternativen geliefert werden können, auf einen Mangel an Ideen zurückzuführen sein, auf einen Mangel an Kreativität bei der Entwicklung neuer Ideen.

Sämtliche oben angeführten Gründe tragen zu dem als Kreativität bekannten Prozeß bei. Mit Kreativität wird gewöhnlich ein Ergebnis bezeichnet. Wenn jemand mit einer einigermaßen neuen Idee daherkommt oder mit einer Reihe von Alternativideen, dann heißt es von ihm, er sei kreativ. Doch bis die Ideen auftauchen, findet ein Denkprozeß statt, der Kreativität herbeiführt. Ich nenne diesen eigentlichen Prozeß, unabhängig von dem Ergebnis, *laterales Denken.*

Es bedeutet, sich von einem Gedanken zu einem anderen, abseits liegenden Gedanken zu begeben, und zwar auf allen möglichen Wegen, die nach der starren Folgerichtigkeit des logischen Denkens nicht erlaubt sind.

In diesem Kapitel wird das vertrautere Wort »Kreativität« gebraucht, das den Prozeß, das Ergebnis und die zur Erzeugung von Ideen gehörende Geisteshaltung umfaßt.

Das Ziel der Kreativität

Im großen und ganzen ist es das Ziel der Kreativität, Ideen zu verändern oder zusätzliche neue Ideen zu erzeugen.

Diese beiden Prozesse werden oft verwechselt, aber sie lassen sich wie folgt unterscheiden:

1. alten Ideen entrinnen,
2. neue Ideen hervorbringen.

Befriedigung und Kreativität

Wenn man eine Idee hat, die befriedigend zu sein scheint, warum sollte man sich dann die Mühe machen und versuchen, sie zu ändern? Wenn Sie eine Erklärung für den schwarzen Zylinder haben, mit der es klappt, warum sollten Sie sich dann eine neue ausdenken? Wenn Sie eine Idee haben, die Sie in der Vergangenheit zufriedenstellend angewandt haben, warum sollten Sie dann versuchen, sie zu ändern?

Das grundlegende JA/NEIN-System ermutigt einen nicht, über das Angemessene hinauszugehen, denn sobald eine Erklärung angemessen ist, erscheint sie so richtig, wie sie nur sein kann. Diese Richtigkeit wird weiter untermauert durch den Prozeß der alleinigen Richtigkeit. Das bedeutet, daß eine Idee, wenn sie als richtig angesehen wird, ehe irgendwelche anderen Ideen aufgetaucht sind, als die allein richtige angesehen wird.

Ändern

Die drei fundamentalen Gründe, warum eine Idee scheinbar »unnötigerweise« geändert werden sollte, sind folgende:

1. Weil Sie einen Mangel an der allgemein üblichen Idee erkennen können, den andere nicht sehen.
2. Weil Ihre besondere Erfahrung oder Ihre Kenntnisse Ihnen mühelos eine Idee zeigen, die besser ist als die allgemein übliche.
3. Weil Sie von der allgemein üblichen Idee einfach unbe-

friedigt sind – aber nicht, weil Sie einen Mangel an ihr erkennen, sondern weil Sie eine bessere Idee sehen können.

Diese nicht mit der Vernunft zu erklärende Unzufriedenheit ist die Grundlage der kreativen Haltung. Es mag sein, daß Sie die Möglichkeit einer wunderbar einfachen Idee voraussehen können. Oder es mag sein, daß die Schwerfälligkeit der allgemein üblichen Idee Sie nicht befriedigt. In beiden Fällen besteht ein Drang, andere Ideen zu finden, der sich nicht mit dem Angemessenen – und ausschließlich darauf zielt das JA/NEIN-System – zufriedengibt. Diese Einstellung des »Gut genug ist nicht genug« mag auf alle möglichen Gründe zurückzuführen sein: denn Sinn für Eleganz oder Ästhetik, Schulung oder eine bewußte Geisteshaltung. Unzufriedenheit kann sich auch aus emotionalen Gründen ergeben und sogar aus dem narzißtischen Bedürfnis, durch eigene Ideen sein persönliches Image zu profilieren.

Kenntnisse und Kreativität

Bei dem Zylinderexperiment ist es interessant, daß Gruppen, die man im künstlerischen Sinne als kreativ hätte ansehen können, weniger Alternativen anzubieten hatten als andere Gruppen. Bei Hörern aus einer Kunstschule betrug der Anteil der Alternativen 4 Prozent, und bei Hörern aus einer anderen Kunstschule ebenfalls 4 Prozent. Bei einer Zuhörergruppe aus der Werbebranche betrug er 7 Prozent, bei einer gemischten Zuhörerschaft mit technischer und künstlerischer Ausbildung dagegen 20 Prozent. Der Durchschnitt aller Gruppen war 10 Prozent, so daß die Künstler unter dem Durchschnitt lagen und die Techniker darüber. Das hat nicht unmittelbar mit Kreativität zu tun, sondern mit Kenntnissen. Wenn man daran gewöhnt ist, mit Magneten, Schrauben und Kapillarröhrchen zu arbeiten, dann ist es wahrscheinlicher, daß man eine Erklärung für den schwarzen Zylinder findet, als wenn man sonst nur mit Farben, Strukturen und Gefühlen zu tun hat.

Kenntnisse sind *nicht* Kreativität, aber auf manchen Gebieten ist es schwierig, auf neue Ideen zu kommen, wenn man nicht vorher schon Ideen hat, mit denen man spielen kann. Andererseits kann zuviel Erfahrung auf einem Gebiet die Kreativität einschränken, weil man so genau weiß, wie die Dinge *getan werden sollten,* daß man dem nicht entrinnen kann und deshalb nicht auf *neue* Gedanken kommt. Außerdem bedeuten zu viele Kenntnisse, daß man wahrscheinlich keine Zufallsfehler macht und sie schon gar nicht absichtlich machen kann. Bei dem Zylinderexperiment boten sehr wenige von denen, die detaillierte Entwürfe vorlegten, Alternativen an.

Das Verhältnis zwischen Kreativität und Ideen ist gegenüber graphisch dargestellt. Es ist *nicht* eine graphische Darstellung der Versuchsergebnisse, sondern einfach eine Art und Weise, das oben Gesagte visuell auszudrücken. Kreativität steigt mit zunehmenden Kenntnissen steil zu einem Höchstwert an, fällt dann aber ab, da eine weitere Zunahme an Kenntnissen die Ideen in feste Bahnen zwingt.

Fehler machen und Kreativität

Wer fünf Ideen hat, aber vier davon verwirft, weil sie falsch sind, wird weniger kreativ erscheinen als jemand, der fünf Ideen hat und an allen festhält, weil er nicht erkennt, daß sie falsch sind. Viele der in dem Kapitel über Phantasie erwähnten Alternativen sind nicht brauchbar. Wenn man lediglich die Zahl der Alternativen errechnet, läuft man Gefahr, denjenigen, der Alternativen zustande bringt, sie aber verwirft, mit demjenigen zu verwechseln, der überhaupt keine zustande bringt.

Fehler zu machen, ist indes oft ein wesentlicher Bestandteil der Kreativität. Das kann sich auf verschiedene Weise zeigen:

1. Die neue Idee paßt nicht zu früheren Ideen und wird deshalb als »falsch« beurteilt (also ein Mißdeutungsfehler). Mit der Zeit mag sich herausstellen daß die Idee tatsächlich richtig ist und das Beurteilungssystem geändert werden muß. Damit das aber geschieht, muß man noch eine Weile an der »falschen« Idee festhalten.

2. Die falsche Idee mag weiterhin falsch sein, doch als Sprungbrett zu einer Idee dienen, die völlig stichhaltig ist. Das ist der Effekt der früher beschriebenen vermittelnden Unmöglichkeit (Seite 164). Man mag sich darüber klar sein, daß die vermittelnde Unmöglichkeit falsch ist. Oder man ist sich nicht bewußt, daß es zur Zeit tatsächlich falsch ist. Eine Idee kann immer abgelehnt werden, *sobald* sie als falsch erkannt wird. Doch wenn man PO verwendet, um noch ein wenig länger an der Idee festzuhalten, dann kann sie letztlich immer noch abgelehnt werden, hat aber mehr Zeit gehabt, andere Ideen auszulösen.

3. Ein Fehler erlaubt einem, der bestehenden Idee zu entrinnen oder einigen »Abstand« zu ihr zu gewinnen. Dadurch sieht man die bestehende Idee deutlicher, da sie nun von außen betrachtet wird. Selbst wenn man auf die alte Idee zurückkommen muß, behält man diese neue Perspektive.

4. Ein Fehler mag eine Frage aufwerfen, die sonst nicht gestellt worden wäre. (Pasteurs Assistent machte einen Fehler, wodurch eine Kultur von Cholerabazillen so geschwächt wurde, daß sie die Krankheit nicht mehr erregen konnte; aber das führte unmittelbar zu einer Untersuchung über die Möglichkeiten von Schutzimp-

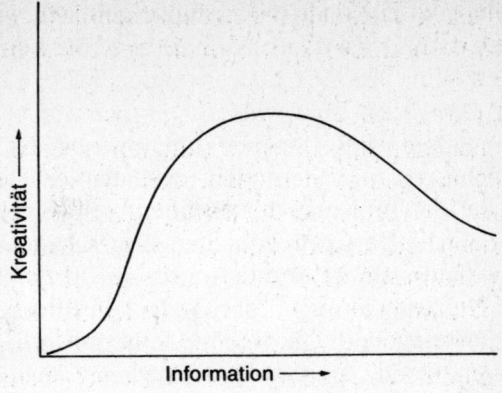

fungen gegen Krankheiten mit Hilfe von veränderten Erregerkulturen.)

Ein Fehler wirkt in der Praxis am kreativsten als vermittelnde Unmöglichkeit oder als Sprungbrett zu einer neuen Idee. Auch wenn die Vorstellung von Eis, das langsam schmelzen und das Gewicht im Zylinder auf eine Seite verlagern soll, falsch ist, könnte sie zum Beispiel unmittelbar zu der Idee führen, Eis als Teil der Basis zu verwenden, die dann allmählich nachgibt. Das könnte weiter dazu führen, Eis als einen Verzögerungsmechanismus zu verwenden, der plötzlich eine Feder freisetzt, die ihrerseits einen Stift durch ein Loch in der Basis treibt.

Techniken und Zeit bei der Kreativität
Es ist schon erwähnt worden, daß die Hörer, wenn ihnen mehr Zeit zugestanden worden wäre, wohl mehr Alternativerklärungen abgegeben hätten. Das liegt daran, daß ein natürlicher Kreativitätsfluß durch Zeitmangel *abgeschnitten* worden sein mag. Aber Zeit an sich erhöht die Kreativität nicht. Zeit vergrößert nur die Möglichkeit, daß durch einen

glücklichen Zufall Kreativität zustande gebracht wird, weil mehr Zeit dafür da ist. Doch auf eine bewußte Bemühung, kreativ zu sein, viel Zeit zu verwenden, wird nicht sehr nützlich sein, denn man wird nur immer wieder die gewohnten Bahnen des Denkens durchmessen. Es gibt gewisse Techniken und Methoden (des lateralen Denkens), die die Chancen für Kreativität erhöhen – teilweise deshalb, weil hinderliche Denkgewohnheiten ausgeschaltet werden, und teilweise durch bestimmte Anordnungen, die den Fluß und die Neugruppierungen der Gedanken fördern. Doch selbst dann ist nicht die für solche Methoden aufgewandte Zeit entscheidend, sondern die Fähigkeit, sie überhaupt anzuwenden.

- Die nicht mit der Vernunft zu erklärende Unzufriedenheit ist die Grundlage der kreativen Haltung.
- Zuviel Erfahrung auf einem Gebiet kann die Kreativität einschränken, weil man genau weiß, wie die Dinge *getan werden sollten,* so daß man dem nicht entrinnen kann und deshalb nicht auf *neue* Ideen kommen kann.

---

12. AUFMERKSAMKEIT UND ANHALTSPUNKTE

Man schenkt nicht allem Aufmerksamkeit. Und man handelt nur nach dem, auf das man geachtet hat. Die Reaktion mag Denken sein oder auch Handeln (und das ist auch nur ein Denken, das durch unsere Münder oder Muskeln vor sich geht und nicht in unseren Köpfen).

In der Umwelt gibt es eine gewaltige Zahl von Dingen, denen man Aufmerksamkeit schenken könnte. Doch wäre es unmöglich, auf alles zugleich zu reagieren. Deshalb reagiert man nur auf einen ausgewählten Teil. Die Wahl des Aufmerksamkeitsbereichs bestimmt das spätere Handeln oder Denken und ist einer der fundamentalsten Aspekte des Denkens.

Aufmerksamkeitsbereich

Sogar bei dem Zylinderexperiment, das ein einziger Aufmerksamkeitsbereich zu sein schien, schenkten die verschiedenen Leute unterschiedlichen Teilen ihre Aufmerksamkeit. Manche achteten auf Geschehnisse außerhalb des Zylinders und vermuteten, er sei angeschossen oder vom Wind umgeblasen worden. Andere richten ihre Aufmerksamkeit auf die Basis des Zylinders und vermuteten, die habe sich geändert. Wieder andere schenkten der Gewichtsverteilung im Zylinder Aufmerksamkeit.

Herausschälen von Aufmerksamkeitsbereichen

Da man niemals auf die Situation in toto reagiert, kommt es zu einem »Herausschälen« des Bereichs, der beachtet wird. Dieses Herausschälen kann auf dreierlei Weise stattfinden:
- im Raum (nur einen Teil des Vorgangs wird Aufmerksamkeit gewidmet),

- in der Zeit (nur einem Teil einer Folge von Geschehnissen wird Aufmerksamkeit gewidmet),
- im Sucher (nur einigen Einzelheiten wird Aufmerksamkeit gewidmet).

Unterschiedliche Aufmerksamkeitsbereiche

Es liegt auf der Hand, daß jemand, der davon redet, wie man Würstchen kocht, nicht davon redet, wie man Kutteln kocht. Wenn die Aufmerksamkeitsbereiche eindeutig unterschiedlich sind, entsteht keine Verwirrung. Die Verwirrung kann auch gemindert werden, wenn zwei Menschen gewahr werden, daß sie von verschiedenen Dingen reden, selbst wenn es dabei einen Überschneidungsbereich gibt. Zum Beispiel könnte ein Vater von der Erziehung reden, die er *seinem* Kind angedeihen lassen möchte, während der Direktor der Schule, mit dem er spricht, vielleicht das allgemeine Erziehungssystem meint, das für die *meisten* Kinder das beste ist. Man kann sich darüber verständigen, daß das in Rede stehende Kind nicht »die meisten Kinder« ist.

Schwierig wird es, wenn der Aufmerksamkeitsbereich derselbe zu sein scheint, in Wirklichkeit aber unterschiedlich ist. Diese Schwierigkeit kann aus drei Gründen entstehen, die mit den dreierlei Weisen zusammenhängen, wie sich Aufmerksamkeitsbereiche bilden.

1. Es mag einen Unterschied im »Raum« geben, das heißt, in der Größe des Aufmerksamkeitsbereichs. Zwei Aufmerksamkeitsbereiche können fast dieselbe Fläche bedecken und doch Teile haben, die zu dem einen Bereich, nicht aber zum anderen gehören. Wenn man zum Beispiel über Krankenpflege nachdenkt, dann können die hohen Personalkosten in den Aufmerksamkeitsbereich

des Krankenhauses fallen, nicht aber in den des Patienten, obwohl andere Aspekte der Krankenbetreuung zu beiden Aufmerksamkeitsbereichen gehören können.

2. Es mag einen Unterschied in der »Zeit« geben. Er kann auftreten, wenn jemand weiter vorausschaut als ein anderer. Zum Beispiel kann ein Mann der Meinung sein, er habe in einer bestimmten Gegend ein Haus zu sehr günstigem Preis gefunden. Aber seine Frau weist darauf hin, daß dort in zwei Jahren ein großer Häuserblock gebaut werden soll, der dem Haus die Aussicht und die Sonne nehmen und die Nachbarschaft außerdem geräuschvoller machen wird.

3. Es mag einen Unterschied im »Sucher« von Einzelheiten geben. Ein Mann will bei einer Versteigerung ein Pferd kaufen, weil es sehr hübsch aussieht und er sich vorstellen kann, daß er bei der Jagd eine gute Figur machen wird. Aber der Pferdekenner, den er mitgenommen hat, hat sich den Gang des Pferdes genauer angesehen und vermutet, es könne lahmen.

In all diesen Fällen betrachten die Leute Situationen, die dieselben zu sein scheinen, aber in Wirklichkeit unterschiedlich sind. Die Bereiche sind verschieden, weil sie unterschiedliche Merkmale erfassen. Gewöhnlich kann man sich nicht klarwerden, ob es verschiedene Merkmale gibt, weil von vornherein ein anderer Aufmerksamkeitsbereich ausgewählt wurde, oder ob diese bestimmten Merkmale wahrgenommen wurden und dann den anderen Aufmerksamkeitsbereich geschaffen haben. Darauf kommt es nicht an. Es kommt allein darauf an, daß die verschiedenen Merkmale eine unterschiedliche Situation schaffen. Wenn man versucht, eine unbekannte Situation zu verstehen, können diese wahrgenommenen Merkmale Anhaltspunkte genannt werden.

Anhaltspunkte

Wer sich den schwarzen Zylinder anschaut, wenn er auf der
Seite liegt, und weiß, daß er umgefallen ist, sieht nicht
dieselbe Szene wie derjenige, der bemerkt hat, daß er mit
einem lauten Krachen umgefallen war. Der erste wird dann
vielleicht meinen, der Zylinder sei leicht genug gewesen,
um vom Durchzug von der Tür umgeblasen zu werden,
aber der zweite wird das vermutlich nicht annehmen, denn
er betrachtet einen »schweren« Zylinder. Wer beobachtet
hat, daß der Zylinder plötzlich und rasch umfiel, sieht nicht
dieselbe Szene wie jemand, der den Augenblick des tatsächlichen Umfallens verpaßt hat. Der erste würde einen
Zylinder betrachten, in dem sich ein Mechanismus befindet, der eine plötzliche Veränderung hervorzubringen vermag, während der zweite auch Mechanismen in Erwägung
ziehen würde, die den Zylinder zusammensacken oder
schwanken lassen, ehe er umfiel.

Anhaltspunkte entwickeln
Wie in einem Kriminalroman gibt es verschiedene Arten
von Anhaltspunkten. Ein paar der üblicheren Sorten werden hier aufgeführt:

1. Anhaltspunkte, die für jeden klar auf der Hand liegen –
   aber dennoch falsch interpretiert werden können.
2. Merkmale, die für jeden klar auf der Hand liegen, aber
   keine Anhaltspunkte werden, es sei denn, es wird ihnen
   Bedeutung zugemessen.
3. Anhaltspunkte, die keineswegs auf der Hand liegen und
   erarbeitet werden müssen.

Die Hörer durften den schwarzen Zylinder nicht untersuchen. Sie durften ihn weder hochheben, schütteln, seine
Festigkeit prüfen, seine Basis untersuchen noch irgend

etwas dergleichen. Einige saßen sogar so weit weg, daß sie ihn nicht einmal deutlich sehen konnten. Es mag unmöglich erscheinen, daß überhaupt irgendwelche Anhaltspunkte zu gewinnen waren. Mehrere Hörer bemerkten indes Einzelheiten, die so geringfügig waren, daß sie von den meisten übersehen wurden, und die dennoch nützliche Anhaltspunkte bieten konnten. Einige dieser Einzelheiten seien hier angeführt:

»Der Redner schien überrascht, als der Zylinder umfiel.« Das deutet darauf hin, daß der Zylinder nicht in dem vom Vortragenden gewählten Augenblick durch ihn zum Umfallen gebracht worden sein konnte (z.B. durch Ziehen an einer feinen Nylonschnur).

»Der Zylinder fiel ganz plötzlich um.« Das schließt ein allmähliches Umkippen, ein sich verstärkendes Schwanken oder eine Formveränderung infolge Absackens usw. aus. Viele der vorgelegten Erklärungen (z.B. »Knete« an der Basis) wären durch diese Beobachtung ausgeschlossen worden.

»Der Zylinder fiel mit einem Bums um.« Das weist darauf hin, daß der Zylinder ziemlich schwer war und nicht leicht umgeworfen werden konnte.

»Der Zylinder fiel in einer bestimmten Richtung.« Das hätte sehr wohl bedeutsam sein können, vor allem wenn es in Zusammenhang mit den Zuhörern oder dem Redner gebracht worden wäre.

»Der Redner schien sehr viel Sorgfalt darauf zu verwenden, wie er den Zylinder hinstellte.« Das weist auf einen Fallmechanismus hin, der besser in einer Richtung als in einer anderen wirkt, oder auf die Absicht, den Zylinder zu den Hörern hin umfallen zu lassen, damit seine veränderte Basis nicht zu sehen wäre.

»Der Zylinder war schwarz.« Offenbar von allen bemerkt, aber von Wichtigkeit, wenn angenommen wurde, daß er darum schwarz war, weil er dann Hitze besser absorbieren könnte.

»Vor dem Hinstellen wurde der Zylinder seitlich gehalten.« Das stimmte tatsächlich nicht, hätte aber auf einen Mechanismus hinweisen können, zum Beispiel auf eine sich langsam bewegende halbflüssige Substanz, die dann auf einer Seite eine Schicht gebildet und ein vorhandenes Ungleichgewicht ausgeglichen hätte. Durch das Senkrechtstellen wäre die Substanz nach unten geflossen, so daß das mangelnde Gleichgewicht den Zylinder zum Umfallen gebracht hätte.

»Vor dem Hinstellen wurde der Zylinder mit dem oberen Teil nach unten gehalten und dann umgedreht.« Das könnte auf einen Mechanismus hinweisen, bei dem Flüssigkeit von einem Tank in einen anderen fließt, oder auf einen Eieruhr-Effekt.

»Auf dem Tisch waren weder Wachs noch Wasser zu sehen, nachdem der Zylinder umgefallen war.« Das schließt die Möglichkeit aus, daß ein ungleichgewichtiger Zylinder auf einem Stück Eis ruht, oder daß er mit Wachs, das schließlich schmolz, an den Tisch festgeklebt war.

Der Zweck von Anhaltspunkten

1. Vorstellungen anregen

Wenn Sie versuchen, eine unvertraute Situation zu verstehen, dann suchen Sie nach Anhaltspunkten, die Ihnen einige Vorstellungen vermitteln. Wenn Sie Luftmelder sind, dann achten Sie auf die Schwanzform der Flugzeuge. Wenn Sie Kunstsammler sind, dann achten Sie darauf, wie die Farbe auf einem Gemälde aufgetragen ist. Wie schon in dem Abschnitt über Richtigkeit des Erkennens (R 4) erwähnt, wird die erste Vorstellung des Arztes von einer Diagnose durch die offensichtlichsten Anhaltspunkte wie den Aufschlag bei Masern ausgelöst. Um auf diese Weise Vorstellungen zu entwickeln, mag es ausreichen, nur eben das Ganze zu überblicken, aber gewöhnlich muß man sich auf einige Merkmale konzentrieren und versuchen, ihre Bedeutung zu erkennen.

2. Vorstellungen bestätigen

Sobald man eine Vorstellung oder Vermutung hat, sucht man nach Anhaltspunkten, um zu sehen, ob die Vorstellung paßt. Wenn sich ein Arzt eine Vorstellung von einer Diagnose bildet, forscht er nach anderen Anzeichen und Symptomen und macht einige Proben. Glaubt er zum Beispiel, ein Patient habe ein Zwölffingerdarmgeschwür, dann fragt er ihn vielleicht, ob er wegen der »Verdauungsbeschwerden« nachts nicht schlafen könne oder ob sie nachlassen, wenn er etwas ißt. Gewöhnlich kann das Forschen nach bestätigenden Anhaltspunkten in der Situation selbst erfolgen. Manchmal kann es aber nur nach der Erinnerung an die schon vergangene Situation geschehen. Zum Beispiel könnte man sich fragen: »Hat der schwarze Zylinder wirklich geschwankt, ehe er umfiel?« Das nachträgliche Forschen ist natürlich nicht so befriedigend wie das gleichzeitige.

3. Vorstellungen ausschließen

Wie wir auf Seite 96 gesehen haben, entsteht der Mißdeutungsfehler (F 3), wenn eine Vorstellung nicht zu den Umständen paßt. Man kann nach Anhaltspunkten forschen, um zu beweisen, daß eine gängige Vorstellung (die eigene oder die eines anderen) falsch ist oder zumindest abgeändert werden muß. Oder man kann sich nach Anhaltspunkten umsehen, um mehrere andere Erklärungen auszuschließen, die genauso gut zu sein scheinen wie jede andere. In diesem Fall versucht man eine Wahl zu treffen, indem man Anhaltspunkte findet, die zeigen, daß alle Vorstellungen bis auf eine ausgeschlossen werden können. Bei dem Zylinderexperiment könnte man also die Möglichkeit, daß der Vortragende den Zylinder absichtlich umstieß, durch den Anhaltspunkt ausschließen, daß das Umfallen ihn überraschte. Daß die Vögel am Himmel Enten seien, könnte man durch den Anhaltspunkt ausschließen, daß sie zu hoch fliegen.

Pendeln

In der Praxis pendelt man hin und her zwischen Anhaltspunkten und Vorstellungen. Die Anhaltspunkte deuten auf Vorstellungen hin, lehnen sie ab, bestätigen sie, wandeln sie ab. Vorstellungen andererseits sagen einem, wo man Anhaltspunkte findet, wie man sie bekommt und welche Bedeutung sie haben.

Gefahr

Sobald man eine Vorstellung hat, besteht die Gefahr, daß man allzuleicht nur diejenigen Anhaltspunkte bemerkt, die zu der Vorstellung passen. Es gibt Situationen, bei denen eine Reihe von Erklärungen möglich ist. Wenn man sich auf eine Erklärung konzentriert, dann findet man leicht genügend Anhaltspunkte, die diese Erklärung bestätigen. Doch ein anderer könnte genügend Anhaltspunkte finden, die eine ganz andere Erklärung bestätigen, ganz abgesehen von der Möglichkeit, daß Anhaltspunkte nicht beachtet werden, die eine Vorstellung nicht erhärten.

Der Wissenschaftler will unrecht haben

Theoretisch ist das einzige Ziel eines Wissenschaftlers, seine Fehler nachzuweisen. Er stellt nur deshalb eine Idee auf, um Versuche anzustellen, die beweisen sollen, daß die Idee falsch ist. Das bedeutet, daß er nun zu einer besseren

Idee übergehen kann. Und so wiederholt sich das Verfahren. Wenn ein Wissenschaftler absolut nicht nachweisen kann, daß er einen Fehler gemacht hat, dann ist er natürlich entzückt, aber trotzdem bemüht er sich immer noch weiter, denn jedesmal, wenn er keinen Fehler findet, erhöht sich der Wert seiner ursprünglichen Idee.

Um sich selbst seine Fehler zu beweisen, verbringt der Wissenschaftler seine ganze Zeit damit, Anhaltspunkte zu entwickeln. Das ist der Sinn von Versuchen, denn sie sind Situationen, die weit mehr Anhaltspunkte bieten als gewöhnliche, natürliche Situationen. Der Wissenschaftler geht soweit wie möglich ins Detail. Er ist auch erst bereit, Schlußfolgerungen zu ziehen, wenn er glaubt so weit gegangen zu sein, wie er nur kann.

Der Mann der Praxis muß recht haben

Im Gegensatz zum Wissenschaftler muß der Mann der Praxis *so schnell wie möglich* recht haben, denn er muß etwas tun. Der Mann der Praxis ist froh, wenn er morgens den Wagen so schnell wie möglich starten kann, selbst wenn es bedeutet, einen Kessel heißes Wasser über den Zündverteiler zu gießen. Der Mann der Praxis geht nur so weit ins Detail, bis er eine Erklärung erhält, mit der er weitermachen kann. Sobald er eine angemessene Erklärung hat, ist sie gut genug.

Es läßt sich nicht leicht etwas gegen diese Haltung einwenden, denn man hat nicht immer Zeit für Zweifel, Unschlüssigkeit und weiteres Forschen (obwohl dieser Zeitmangel allzuoft als Ausrede gebraucht wird, wenn man bloß keine Lust hat, über das Angemessene hinauszugehen). Das einzige, woran man etwas aussetzen kann, ist die Arroganz, mit der diese »praktische« Erklärung manchmal vertreten wird. Daß eine praktische anwendbare Erklärung unter gewissen Umständen nützlicher sein kann, bedeutet nicht, daß sie unbedingt besser ist als eine tiefer schürfende Erklärung.

Bandbreiten-Analyse

Wenn sich jemand hinsetzt und zwei Würfel im Becher schüttelt, dann weiß man nicht, wie viele Augen er würfeln wird. Wenn Sie das wissen könnten, würden Sie an den Würfeltischen in Las Vegas ein Vermögen verdienen. Es ist also eine Zufallssituation, über die man nichts sagen kann. Genauso empfinden viele Wissenschaftler bei Situationen, bei denen sie nicht alle Details kennen. Sie haben das Gefühl, jeder Versuch einer Erklärung sei eine ebenso mystische Raterei, wie wenn man der Voraussage eines Würfelergebnisses die Nummer des Autos zugrunde legte, das einen am Morgen fast überfahren hätte.

Indes läßt sich über den würfelnden Mann eine Menge sagen. Sie können sicher sein, daß die Zahl der Augen, die er würfelt, nicht höher als 12 oder nicht niedriger als 2 sein wird. Sie können sicher sein, daß die Augenzahl in dieser »Bandbreite« liegen wird.

Wenn Sie von einem Fahrzeug nicht mehr wissen, als daß es Räder und keine Beine hat, dann wissen Sie noch nicht viel. Doch können Sie sofort sagen, daß es bergab wahrscheinlich im Freilauf fahren wird, daß es nicht sehr behende Leitern oder Stufen erklimmen oder über unebenes Gelände fahren kann, und daß es wahrscheinlich nicht springen kann. Genauso ist es mit dem Verstand: Wir kennen nicht alle Einzelheiten des Nervensystems und der chemischen Vorgänge, aber wir wissen genug über die Art des beteiligten Informationssystems, um innerhalb einer allgemeinen Bandbreite anzugeben, welche Art von Fehlern der Verstand machen kann und wie er beim Denken im großen und ganzen mit Informationen umgeht.

Bandbreiten-Analyse ist nicht eine vorläufige Schätzung,

wie sie ein Mann der Praxis anstellt, wenn er es eilig hat. Zur Bandbreiten-Analyse gehört, alle verfügbaren Anhaltspunkte in Erwägung zu ziehen und herauszufinden, wie der größte Nutzen aus ihnen gezogen werden kann, indem man eine allgemeine, aber scharf abgegrenzte Bandbreite der Möglichkeiten entwirft.

Verzerrung

Wenn man eine Menge Anhaltspunkte gesammelt hat, versucht man dann mit allen Mitteln, eine ungewöhnliche Erklärung zu finden, damit alle Anhaltspunkte zusammenpassen? Oder stürzt man sich auf eine einfache Erklärung und verzerrt oder übersieht diejenigen Anhaltspunkte, die nicht passen?

In der Praxis hält man sich an die einfache Vorstellung, da passende Vorstellungen für viel wichtiger gehalten werden als einzelne Anhaltspunkte, die nicht passen. Das ist es, was dem menschlichen Denken die wichtige »unklare« Eigenschaft verleiht, die auf Seite 70 besprochen wurde und die so nützlich ist. Der erste Impuls ist immer, verschiedene Dinge als ähnlich anzusehen, und nicht so sehr, ähnliche Dinge als verschieden zu betrachten. So wird eine Erklärung, die fast richtig ist, als richtig angesehen und nicht etwa verworfen, weil irgendein unbedeutendes Detail nicht paßt.

Ein klassisches Beispiel dafür, wie leicht etwas übersehen wird, wenn es zu den vorhandenen Vorstellungen nicht paßt, ist die Entdeckung der Barr-Körper in Zellen. Es war immer angenommen worden, daß Zellen von männlichen oder weiblichen Tieren äußerlich nicht unterscheidbar sind. Die Teilchen, die bei einigen Zellen manchmal neben dem Zellkern zu sehen waren, blieben unberücksichtigt, weil man sie für eine durch die Berührung der Zelle verursachte Beschädigung hielt. Sehr lange haben Wissenschaftler durchs Mikroskop Zellen betrachtet, bis einer von ihnen erkannte, daß diese Teilchen ein charakteristisches Merkmal von Zellen weiblicher Tiere waren.

Bei dem Zylinderexperiment wurde das laute Krachen, mit dem der Zylinder umfiel, von denjenigen unberücksichtigt gelassen, die meinten, ein sehr leichter Zylinder sei durch einen Luftzug umgeweht worden.

13. DENKEN 2

Ausgangspunkt

Die Wahl des Aufmerksamkeitsbereichs ist von größter Wichtigkeit, denn damit wird der Ausgangspunkt für das Denken gegeben. Sie wären äußerst überrascht, wenn zwei Menschen, die von verschiedenen Orten aufbrechen, aber identische Marschanweisungen befolgen, zum selben Ort kämen. So ist man sich beim Denken oft nicht darüber klar, daß der Ausgangspunkt zwar *derselbe zu sein scheint,* aber doch sehr verschieden sein kann. Die Meinungsverschiedenheit schreibt man Fehlern im Denkprozeß zu, der indes oft stichhaltig ist. Der wirkliche Grund für die Meinungsverschiedenheit sind die verschiedenen Ausgangspunkte.

Meinungsverschiedenheiten

Meinungsverschiedenheiten können darauf beruhen, daß den Gesprächspartnern unterschiedliche Daten zur Verfügung stehen, oder sie mögen auf einer der falschen Denkmethoden wie »Sieben auf einen Streich« (F 2), Einbahnfehler (F 1) oder »Ex cathedra« (F 4) beruhen. Die bei weitem größte Zahl von Meinungsverschiedenheiten beruht indes einfach auf unterschiedlichen Ausgangspunkten. Das ist der Fall, wenn zwei Zeugen vor Gericht das Verhalten des schwarzen Wagens am Unfallort beschreiben. Sie sind sich völlig uneins und beschimpfen sich. Dann stellen sie fest, daß sie von verschiedenen schwarzen Wagen sprachen.

Wie vortrefflich das Denken auch sein mag: wenn der Ausgangspunkt ein anderer ist, wird auch die Schlußfolgerung eine andere sein. Je besser das Denken, um so wahrscheinlicher ist es tatsächlich, daß man zu einer anderen Schlußfolgerung gelangt. Das ist natürlich der Grund für den auf Seite 102 beschriebenen Auslassungsfehler vom Typ »Desdemonas Taschentuch«. Zwei Menschen betrachten verschiedene Teile der Situation, beide glauben, daß sie die ganze Situation und auch dieselbe Situation sehen.

Denken 2 soll eine andere Art Denken sein. Statt anzunehmen, daß man über dasselbe spricht (bloß weil man es zu Anfang gesagt hat), und dann stetig von einem Gedanken zum anderen zu gehen und zu versuchen, den Gesprächspartner von der Stichhaltigkeit der Beweisführung zu überzeugen, wendet man sich von der Beweisführung mittels verketteter Gedanken ab. Statt dessen umreißt jeder sorgfältig den Horizont seines eigenen Ausgangspunkts. Jetzt kümmert sich das Denken darum zu erkennen, wo Überlappungen vorliegen und wo die Lücken sind. Es kann ein Versuch unternommen werden, neue Aufmerksamkeitsbereiche zu erschließen, die Bereiche einschließen, die sonst getrennt sind. Beim Denken 2 will man herausfinden, wo die Leute stehen, statt daß man ihnen klarzumachen versucht, wo sie stehen sollten. Bei einem Tarifstreit könnten die beiden Ausgangshorizonte folgende sein:

Gewerkschaftler:
seine Stellung in der Gewerkschaft
Bedürfnis, eine Leistung zu vollbringen
Möglichkeit, die Leute auf seiner Seite zu haben
zukünftige Möglichkeiten offenhalten
die Betriebsführung zu größerer Effizienz bringen
die hohen Gewinne und Dividenden in diesem Jahr
was mit den Arbeitern in anderen Berufsgruppen geschieht
hohe Lebenshaltungskosten
Schritt halten mit der Inflation
gegenwärtige Ecklöhne
Überstundenbezahlung und Gelegenheit zu Überstunden

ein Rivale in der Gewerkschaftsführung, der mehr Über-
zeugungskraft besitzt

Arbeitgeber:
Gewinnspannen
seine eigene Stellung
sein Ruf als harter Verhandler
Aktienkurse, Ertrag pro Aktie, Übernahmeangebote, Wert
seiner eigenen Aktien
Gewinn des *nächsten* Jahres
Absatztrend
Gewinn des letzten Jahres
Möglichkeiten, die Kosten irgendwie aufzufangen
Auswirkung von Preiserhöhungen auf den Marktanteil
zukünftige Streiks
Unterstützung der jetzigen Gewerkschaftsführung oder
Wunsch nach Änderung
Presse-Echo
Druck seitens der Regierung, die Löhne einzufrieren

Selbst so kleine Unterschiede wie die Tatsche, daß der
Gewerkschaftler die Gewinne dieses Jahres und der Arbeitgeber die des letzten und des nächsten Jahres im Auge hat,
könnten eine beträchtliche Auswirkung haben. Alle oben
angeführten Faktoren werden gewöhnlich berücksichtigt,
wenn sie an irgendeinem Punkt (bewußt oder unbewußt)
in die Beweisführung eingeflochten werden. Doch beim
Denken 2 legt man sie schon zu Anfang offen dar, so daß
nicht die Gefahr besteht, daß sie als verborgene, wenn auch
nie erwähnte Faktoren die Auseinandersetzung beherrschen. Es mag sein, daß man Euphemismen für diese
Bereiche erfinden muß, weil man sie nicht so unumwun-
den zugeben kann. Das Vorhandensein eines »Rivalen in
der Gewerkschaftsführung« könnte als »Stabilität im Ge-

werkschaftsaufbau« bemäntelt werden, und die persönliche Stellung des Arbeitgebers ließe sich als »Berufserfahrung« kostümieren. Solange beide Seiten wissen, was der Euphemismus bedeutet, ist es gut.

Ein Vater entdeckt, daß seine Tochter Hasch raucht, und knöpfte sie sich vor. Sie haben verschiedene Ausgangspunkte und machen sich ein unterschiedliches »Bild«. Mit »Bild« ist hier ein Vorstellungsbild gemeint, eine Gruppe von Vorstellungen, die zusammengehören, ein Begriffsbündel, ein bestimmter Bereich, von dem ausgegangen wird. Die unterschiedlichen Ausgangsbereiche könnten etwa so sein:

Tochter:
raucht nur gelegentlich
ist nie sehr versessen drauf
mag es nicht besonders gern
alle ihr Freunde rauchen
will nicht spießig und altmodisch erscheinen
aufregend und schick, weil verboten
andere Kiffer scheinen ganz normal zu sein
besser als Alkohol (kein Kater, keine Übelkeit)
eine vorübergehende Phase
gehört zur Welt der Jugend, die anders ist als die Welt der Erwachsenen
natürlich kann Vater nicht verstehen, was heute los ist

Vater:
einmal Rauschgift nehmen heißt immer Rauschgift nehmen
Hasch führt sofort zu anderen gefährlichen Drogen wie Heroin und Methedrin
sobald man anfängt, chemische Mittel für die Seele zu nehmen, verliert man die Kontrolle

schlechter Umgang, lockere Sitten, Promiskuität, Krankheiten
Tochter wird ausflippen, sich niemals anpassen und heiraten
Tochter leicht beeinflußbar durch andere
Schande, wenn Tochter ins Gefängnis kommt
Versagen als Vater
mit allem geht's nun abwärts, da gibt's keinen Ausweg
was für Leute kann sie in diesen Hippiekreisen schon kennenlernen

Die Ausgangspunkte sind offensichtlich so völlig verschieden, daß die beiden wirklich von verschiedenen Dingen reden. Die Unterschiede könnte man wie folgt zusammenfassen:

Haschrauchen ist abnorm und weist auf Ausgeflipptsein hin / Haschrauchen ist normal, und es kostet mehr Anstrengung, es abzulehnen, als mitzumachen

gefährlich und gesundheitsschädlich / harmlos und angenehm

was wird später geschehen / dem Augenblick leben

Rebellion gegen die Gesellschaft / Anpassung an die Gesellschaft

Degenerationsbeweis / kurzlebiger Modefimmel, weiter nichts

Wenn man sich diese Ausgangspunkte ansieht, ist es klar, daß der Vater weder recht noch unrecht hat – und die Tochter ebenfalls. Beide haben verschiedene Ausgangspunkte, verschiedene Standpunkte, verschiedene Bilder. Die folgenschwere Einschränkung des gewöhnlichen Denkens ist, daß man dabei immer nur zu dem Schluß kommt, das eine Bild sei falsch und das andere richtig. Nachdem man zu diesem Schluß gekommen ist, geht man zum nächsten Bild weiter. Dieses wird wiederum als richtig oder falsch beurteilt. Doch diesmal beruht die Beurteilung auch darauf, wie gut das neue Bild zu dem schon gewählten Bild paßt. Beim Denken 2 dagegen akzeptiert man es, daß die Bilder *wirklich existieren,* und zwar so, wie sie sind. Dadurch, daß man sie falsch findet, kann man nicht bewirken, daß sie zu existieren aufhören. Beim gewöhnlichen Denken versucht man, zu einer Schlußfolgerung zu gelangen, indem man sich mächtig bemüht, jedem Bild, das als »falsch« beurteilt wurde, die Existenzberechtigung abzusprechen. Die Beurteilung als falsch bedeutet, daß das Bild so, wie es ist, nicht in das System der urteilenden Person paßt – aber natürlich besagt sie nichts darüber, wie es in das System desjenigen paßt, der das Bild hat.

Beim Denken 2 nimmt man die Existenz eines Bildes als unabänderlich hin, und statt seine Existenz zu leugnen, versucht man, das Bild auszuweiten und Brücken zu bauen, so daß jemand nicht länger in einem bestimmten Bild befangen ist, sondern zu einem anderen Gedanken weitergehen kann. Wenn man ein bestimmtes Bild als »falsch« beurteilt, bringt man es damit nicht nur nicht zum Verschwinden, sondern isoliert es vielmehr wirksam, und das hindert einen, zu etwas anderem überzugehen. Beim Denken 2 kann man sehr wohl ein bestimmtes Bild als falsch ansehen, doch statt es abzulehnen, akzeptiert man seine Existenz und verwendet es als vermittelnde Unmöglichkeit, um zu etwas Besserem zu gelangen.

Die Grundprinzipien des Denkens 2:

1. Die verschiedenen Bilder genau herausarbeiten und nicht annehmen, daß alle gleich seien.
2. Die Existenz der verschiedenen Bilder akzeptieren und sich darüber klar sein, daß man ein Bild nicht dadurch verschwinden lassen kann, daß man es mit einem NEIN-Etikett versieht.

3. Versuchen, neue Überbrückungsgedanken zu entwik-
keln, durch die man von einem Bild zu einem anderen
gelangt.

In dem oben angeführten Beispiel könnte ein Überbrük-
kungsgedanke etwa folgende Form haben:

»Statt durch die Forderungen der Gesellschaft ver-
krampft und eingezwängt zu werden, möchte man lieber
frei und individuell und sensibel und kreativ sein. Kann
eine chemische Krücke das vollbringen? Und wenn sie es
vollbringt, könnte es nicht sein, daß sie die eigene Entfal-
tung dieser Eigenschaften verhindert, ebenso wie Autofah-
ren die Beinmuskulatur erschlaffen läßt?«

Beim Denken 2 sucht man die richtige Perspektive und
erforscht sie. Beim gewöhnlichen Denken neigt man dazu,
die Perspektive so aufzubauen, wie man glaubt, daß sie sein
sollte, und kommt dann zu dem Schluß, daß es alles andere
gar nicht geben dürfte.

- Die Wahl des Aufmerksamkeitsbereichs bestimmt die
anschließende Denktätigkeit.
- Die meisten Meinungsverschiedenheiten entstehen, weil
man annimmt, wenn das Gesamtbild allen Leuten gleich
erscheine, dann würden sie auf ein und dasselbe reagie-
ren, und nur ihr Denken sei falsch.
- In der Praxis pendelt man zwischen Anhaltspunkten und
Vorstellungen hin und her.
- Sobald man eine Vorstellung hat, besteht die Gefahr, daß
man nur diejenigen Anhaltspunkte bemerkt, die zu der
Vorstellung passen.
- In der Theorie ist es das einzige Ziel des Wissenschaft-
lers, sich selbst Fehler nachzuweisen.
- Im Gegensatz zum Wissenschaftler muß der Mann der
Praxis so schnell wie möglich recht haben, weil er etwas
tun muß.

– Beim Denken 2 will man herausfinden, wo die Leute stehen, statt den Versuch zu machen, sie davon zu überzeugen, wo sie stehen sollten.

SCHLUSSBETRACHTUNG

Obwohl ein Lehrer seine Schüler jeden Tag sieht, fällt es ihm leichter, sie auseinanderzuhalten, wenn er ihre Namen lernt. »Hans Schmidt« ist bequemer als »der Junge mit den Sommersprossen, der immer Frösche in die Klasse mitbringt«. Gewöhnliches Denken ist etwas, mit dem wir tagtäglich zu tun haben. Wenn wir seinen verschiedenen Aspekten Namen geben, wird es leichter, diese Aspekte als alte Freunde oder Feinde zu erkennen. Zum Beispiel kann man erkennen, daß man den Größenordnungsfehler (F 1) macht, daß jemand, mit dem Sie reden, die logische Richtigkeit (R 2) anwendet, oder daß ein Artikel, den Sie lesen, sich auf der Stufe des Verstehens »Benennung« (B 3) bewegt. Die Namen sind nicht als Fachausdrücke gedacht, mit denen man um sich wirft und damit die Dinge eher verwirrt als vereinfacht. Sie sollen nur Griffe sein, mit denen man sich an bestimmten Vorstellungen festhalten kann. Das Bezeichnungssystem (z.B. F 2, R 2, B 3) wird vorgeschlagen, weil es zu guter Letzt möglich sein mag, dies anstelle des Namens zu verwenden. Arbeitet man zum Beispiel einen Artikel durch, ist es viel einfacher, am Rand neben einem emotionalen Argument R 1 zu notieren, als den ganzen Namen hinzuschreiben.

Abgesehen davon, daß sich das Buch mit praktischen Aspekten des gewöhnlichen Denkens wie Rechthaben, Fehlermachen und Verstehen befaßt, hat es auch Denkinstrumente wie Schwarze Kästen, Breiwörter, das JA/NEIN-System, PO usw. beschrieben. Vieles wurde ausgelassen. Vieles wurde stärker vereinfacht, als vielleicht gut war. Der Zweck des Buches ist, einen gangbaren Weg für das gewöhnliche Denken aufzuzeigen. Das gewöhnliche Denken unterscheidet sich sehr stark von so idealisierten Systemen wie der mathematischen Logik, und es wäre vergebens, wenn man wünschte, das gewöhnliche Denken möge so präzise sein. Das ist es nicht und wird es wohl niemals ein. Man muß die Dinge nehmen, wie sie sind. Und man darf nicht vergessen, daß einige Instrumente des gewöhnlichen Denkens (Schwarze Kästen, Breiwörter) äußerst nützlich sind, mögen sie dem reinen, abstrakten Logiker auch entsetzlich verschwommen und bedeutungslos erscheinen.

Einige der in diesem Buch beschriebenen Dinge liegen sehr klar auf der Hand. Ich habe es nie gefährlich gefunden, etwas zu unterstreichen, was offenkundig ist, denn sehr oft bedeutet gerade die Offenkundigkeit einer Sache, daß ihr keine Aufmerksamkeit geschenkt wird. Der Dorfschönheitseffekt ist gewiß offenkundig, kann aber nicht oft genug betont werden.

Andere Dinge sind nicht so augenfällig. Diese Gefahr besteht immer, wenn man versucht, die Dinge anders darzustellen. Andererseits wird der Leser vieles bemerken, was ich selbst nicht bemerkt habe.

Ich hoffe, daß nichts in dem Buch als ein Dogma hingestellt wurde, dem man zustimmen oder dem man sich unterwerfen muß. Ich wollte nur darauf hinweisen, daß es Betrachtungsweisen gibt, die nützlich sein können. Wer sie nicht nützlich findet, braucht sich ihrer nicht zu bedienen. Ein Gartenschuppen ist voller Geräte. Sie benutzen dasjenige, das Sie haben wollen, und lassen die anderen hängen. Aber es ist vernünftig, sich umzuschauen und zu sehen, was für Geräte da sind, ehe Sie sich entscheiden, welches Sie nehmen wollen.

Wenn ich die wichtigsten Regeln für das gewöhnliche Denken kurz zusammenfassen müßte, würde ich zwei nennen:

I. Jeder hat immer recht
II. Keiner hat jemals recht

214

Das ist kein Widerspruch. Niemand macht seiner Meinung nach absichtlich einen Fehler. Entsprechend seinem Wissen, seiner Erfahrung und seinen Emotionen und der Art und Weise, wie jemand die Dinge betrachtet, stellt er seine Gedanken möglichst gut dar. Man muß sich darüber klar sein, daß das der Fall ist, wenn man mit anderen Menschen zu tun hat. Das mag selbstverständlich sein, aber es wird leicht vergessen. Wenn Sie jemandem einen anderen Gesichtspunkt zeigen wollen, müssen Sie die Dinge so anordnen, daß sein Verstand intuitiv umschaltet und diesen Standpunkt plötzlich von selbst begreift. Intuition ist auch der Prozeß, durch den man selber von einer Vorstellung, die angemessen ist, zu einer besseren übergeht.

Obwohl jeder in seinem eigenen Kontext immer recht hat, ist diese Richtigkeit nicht absolut, sondern auf eben diesem Kontext beschränkt. Das bedeutet, daß man nicht in die Arroganz und Rechthaberei derjenigen verfallen darf, die glauben, sie hätten die ewige Wahrheit gepachtet, so daß sie ihre Ideen anderer aufzwingen müßten. Diese Arroganz ist der schlimmste Fehler, denn er läuft dem natürlichen Verhalten des Verstandes bei der Verbesserung seiner Vorstellungen zuwider. Wenn man es gelten läßt, daß im absoluten Sinne niemand jemals recht hat, dann ist man eher bereit, nach besseren Ideen Ausschau zu halten und den Ideen anderer Leute Beachtung zu schenken.

ÜBERSICHT

216

F 3 Mißdeutungsfehler (Doppelgänger)
(die Vorstellung paßt nicht wirklich zur Situation)
F 4 Vorurteilsfehler (Ex cathedra)
(Fixierung auf eine Vorstellung durch arrogante Gewißheit)
F 5 Auslassungsfehler (Desdemonas Taschentuch)
(eine Schlußfolgerung aus einem Teil der Situation wird auf die ganze Situation übertragen)

1. »Weitermachen«
(einen Gedankengang direkt fortsetzen)
2. »Verbinden«
(ein neuer Punkt wird als Problem oder Frage aufgeworfen, dann versucht man, die Verbindung zum Vorhergehenden herzustellen)

Mängel:
1. Nicht geeignet, um über das Angemessene hinaus vorzustoßen
2. Daueretikettierung
3. Scharfkantige Begriffe und scharfe Polarisierung
4. Arroganz und Selbstgerechtigkeit

1. Keine Alternativen
2. Keine Veränderung
3. Kein Entrinnen

1. Verzögernder Zweifel
2. Antreibender Zweifel

Das kreative System

Zwecke:
1. Vorstellungen anregen
2. Vorstellungen bestätigen
3. Vorstellungen ausschließen

»Ein Gedanke kann niemals den besten Gebrauch von der
vorhandenen Information machen.«
(Da die Information im Lauf einer bestimmten Zeit lang-
sam in den Verstand eindringt, können die aufgestellten
Gedankenmuster nicht so gut sein, wie wenn die ganze
Information auf einmal verfügbar gewesen wäre.)

»Beweis ist oft nicht mehr als Mangel an Phantasie – beim
Ersinnen einer Alternativerklärung.«
(Wenn Sie sich keine bessere Erklärung ausdenken kön-
nen, sind Sie überzeugt, daß die, die Sie haben, richtig ist.)

Ein neues funktionales Wort zu dem Zweck, die Funktion
Diskontinuität in das Denken einzuführen, um kreative
und intuitive Veränderungen zu ermöglichen. PO ist für das
laterale Denken ebenso grundlegend wie NEIN für das
logische Denken.
Zwei Funktionen von PO:

1. Befreiung (alten Vorstellungen entrinnen)
2. Anreiz (neue Vorstellungen entwickeln)

Eine Vorstellung, die an sich falsch ist, aber dennoch als nützliches Sprungbrett zu einer Vorstellung dient, die völlig stichhaltig ist.

Fixiert einen Gedanken, so daß er weder weiterentwickelt noch gegen einen besseren Gedanken ausgetauscht werden kann.

Vermag sofort und genau zu unterscheiden (wie bei den Tieren)
Verschwommener Verstand
Zuerst unscharfes Unterscheidungsvermögen, dann später feines Unterscheidungsvermögen (wie beim Menschen)

Ungenaue und scheinbar bedeutungslose Wörter, die eine wichtige Rolle beim Denken spielen
1. Um Fragen aufzuwerfen
2. Um handliche Erklärungen zu liefern
3. Als Querverbindungen beim Denken
4. Um als Schwarze Kästen zu dienen
5. Um eine zu frühe Festlegung auf einen bestimmten Gedanken zu verhindern

Jede Vorstellung, die mit einem individuellen Namen bezeichnet werden kann.

reißt man seinen eigenen Standpunkt. Statt zum Beispiel bei einer Diskussion eine Kette von gekoppelten Gedanken zu verwenden, um den Gesprächspartner von Ihrem Standpunkt zu überzeugen, beginnen Sie beide damit, Ihre jeweiligen Ausgangspunkte zu umreißen und dann den Überlappungsbereich und die Vorstellungsexklaven in Betracht zu ziehen. Denken 2 vermeidet die übliche Problematik, daß zwei Menschen glauben, über dasselbe zu reden, während sie tatsächlich über verschiedene Dinge reden. Die Grundprinzipien von Denken 2 können folgendermaßen dargestellt werden:

1. die verschiedenen Bilder genau umreißen, statt anzunehmen, daß alle gleich seien;
2. die Existenz der verschiedenen Bilder akzeptieren und sich darüber klar sein, daß man ein Bild nicht dadurch verschwinden lassen kann, daß man es mit einem NEIN-Etikett versieht;
3. versuchen, neue Überbrückungsgedanken zu entwickkeln, durch die man von einem Bild zu einem anderen gelangt.

I. Jeder hat immer recht.
   (Die Vorstellungen eines Menschen sind immer richtig im Kontext dessen, was er sieht, und wie er die Dinge sieht.)
II. Keiner hat jemals recht.
   (Im absoluten Sinne, denn Richtigkeit ist verknüpft mit einem bestimmten Kontext, mit einer bestimmten Gedankengruppe.)

HEYNE SACHBUCH

Lebenskonzepte –
Lebenshilfe –
Lebensplanung

Hannes Lindemann
Überleben im Streß
Autogenes Training:
Der Weg zu Entspannung,
Gesundheit,
Leistungs-
steigerung
Neuausgabe

19/41

Hannes Lindemann
Anti-Streß-Programm
So bewältigen Sie den Alltag
Neuausgabe

19/74

Helmut Milz
Ganzheitliche Medizin
Neue Wege zur Gesundheit

Mit einem Vorwort von
Fritjof Capra

19/47

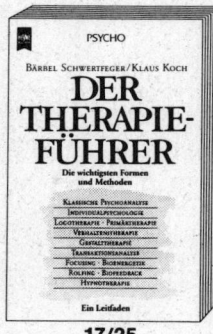

PSYCHO
Bärbel Schwertfeger/Klaus Koch
DER THERAPIE-FÜHRER
Die wichtigsten Formen
und Methoden

KLASSISCHE PSYCHOANALYSE
INDIVIDUALPSYCHOLOGIE
LOGOTHERAPIE · PRIMÄRTHERAPIE
VERHALTENSTHERAPIE
GESTALTTHERAPIE
TRANSAKTIONSANALYSE
FOCUSING · BIOENERGETIK
ROLFING · BIOFEEDBACK
HYPNOTHERAPIE

Ein Leitfaden

17/25

O. Carl Simonton
PRINZIP MUT
Die Aktivierung
der Selbstheilungskräfte
bei Krebs

Herausgegeben
von Anita Bachmann

19/63

Stanislav Grof
AUF DER SCHWELLE ZUM LEBEN
Die Geburt:
Tor zur Transpersonalität
und Spiritualität

19/19

»Der Erziehungs-
bestseller«
Thomas Gordon
Familien-konferenz
Die Lösung von Konflikten
zwischen Eltern und Kind

19/15

Edward de Bono
In 15 Tagen Denken lernen

DER KLASSIKER IN NEUAUSGABE

19/110

Wilhelm Heyne Verlag München

HEYNE SACHBUCH

**Neues Bewußtsein –
Neue Realitäten –
Neues Leben**

Stanislav Grof
AUF DER SCHWELLE ZUM LEBEN
Die Geburt: Tor zur Transpersonalität und Spiritualität

19/19

O. Carl Simonton
PRINZIP MUT
Die Aktivierung der Selbstheilungskräfte bei Krebs

Herausgegeben von Anita Bachmann

19/63

Neue Wege – neue Ziele
Denkanstöße und Orientierungshilfen in einer Wendezeit

Mit Beiträgen von Fritjof Capra, Stanislav Grof, Dalai Lama, Hans-Peter Dürr, Stephen Hawking, Robert Jungk, John Naisbitt, Peter Russell, Frederic Vester, Ken Wilber u.a.

19/83

Neues Bewußtsein – neues Leben
Bausteine für eine menschliche Welt

Mit Beiträgen von Fritjof Capra, Stanislav Grof, Alan Watts, Marilyn Ferguson, Robert Jungk, Ronald D. Laing, Carl Friedrich von Weizsäcker u.a.

19/1

THE REALITY CLUB
Neue Realität
Amerikas bedeutendste Vor-Denker entwerfen das Bild einer neuen Wirklichkeit

Herausgegeben von John Brockman

19/95

Ken Wilber (Hrsg)
Das holographische Weltbild
Wissenschaft und Forschung auf dem Weg zu einem ganzheitlichen Weltverständnis

Mit Beiträgen von David Bohm, Fritjof Capra, Marilyn Ferguson, Karl H. Pribram, Ken Wilber u.a.

19/70

MICHAEL TALBOT
MYSTIK UND NEUE PHYSIK
DIE ENTWICKLUNG DES KOSMISCHEN BEWUSSTSEINS

19/49

Hazel Henderson
DIE NEUE ÖKONOMIE
Menschliches und ökologisches Wirtschaften im Solarzeitalter

Herausgegeben von Anita Bachmann

19/37

Wilhelm Heyne Verlag München

HEYNE SACHBUCH